U0514026

习斋四存编

[清] 颜　元　撰

陈居渊　导读

上海古籍出版社

图书在版编目（CIP）数据

习斋四存编 /（清）颜元撰；陈居渊导读. —上海：
上海古籍出版社，2020.5（2025.8重印）
（天地人丛书）
ISBN 978-7-5325-9625-6

Ⅰ. ①习… Ⅱ. ①颜… ②陈… Ⅲ. ①颜元（1635—
1704）—哲学思想—研究 Ⅳ. ①B249.55

中国版本图书馆CIP数据核字（2020）第073057号

天地人丛书

习斋四存编

【清】 颜　元　撰

陈居渊　导读

上海古籍出版社出版发行

（上海市闵行区号景路159弄1–5号A座5F　邮政编码 201101）

（1）网址：www. guji. com. cn

（2）E-mail：guji1 @ guji. com. cn

（3）易文网网址：www. ewen. co

启东市人民印刷有限公司印刷

开本 850×1168　1/32　印张 7.375　插页 3　字数 147,000

2020 年 5 月第 1 版　2025 年 8 月第 3 次印刷

ISBN 978-7-5325-9625-6

B·1150　定价：32.00 元

如有质量问题，请与承印公司联系

出版说明

　　儒家自孔子开派以来,留意的是修齐治平之道、礼乐刑政之术,其间虽有仁义中和之谈,但大抵不越日常道德之际。汉唐诸儒治经,大多着重名物训诂、典章制度,罕及本体。及至宋儒,始进而讨究原理,求垂教之本原于心性,求心性之本原于宇宙。故原始儒学的特色是实践的、情意的、社会的、人伦的,而源于宋、延及明清的儒学(即宋明理学)的特色则是玄想的、理智的、个人的、本体的。

　　北宋周敦颐作《太极图说》,阐发心性义理之精微,奠定了理学的基础。此后理学昌盛,大致可分三大系统:二程(程颢、程颐)、朱熹一系强调"理",陆九渊(象山)、王守仁(阳明)一系注重"心",张载、王夫之(船山)一系着眼"气"。清初颜元(习斋)初尊陆王,转宗程朱,最终回归原始儒学,以"实文、实行、实体、实用"为治学宗旨。

　　《天地人丛书》选取宋明及清初诸位大儒简明而有代表性的著作凡8部,具体如下:

1. 周子通书

北宋周敦颐字茂叔,世称濂溪先生。他继承了《易传》和部分道家、道教思想,提出一个简单而有系统的宇宙构成论:"无极而太极","太极"一动一静,产生阴阳万物;圣人模仿"太极"建立"人极";"人极"即"诚","诚"是道德的最高境界。周敦颐的学说对以后理学的发展产生极大影响,他的代表著作《通书》不仅蕴涵丰富的义理,而且浑沦简洁,为后人提供了广阔的想象与阐释空间,被后世奉为宋明理学首出之经典。

本书以清道光二十六年(1846)何绍基刻《宋元学案》本为底本排印。书后附相关文献六种:《太极图》《太极图说》《朱子论太极图》《朱子论通书》《朱陆太极图说辨》《梨洲太极图讲义》。

2. 张子正蒙

北宋张载字子厚,世称横渠先生。张载提出"太虚即气"的理论,肯定"气"是充塞宇宙的实体,"气"的聚散变化形成了各种事物现象。张载一生著述颇丰,有《文集》《易说》《春秋说》《经学理窟》等,《正蒙》是他经过长期思考撰成的著作,是其哲学思想的最终归结。因此,该书不仅受到理学家的推崇,其他学者也十分重视。

本书以清同治四年(1865)金陵书局刻《船山遗书》本《张子正蒙注》为底本排印,除《正蒙》原文之外,还收录了明末清初王夫之的注释。

3. 二程遗书

程颢字伯淳，世称明道先生。程颐字正叔，世称伊川先生。兄弟俩同为北宋理学的奠基者，后世合称"二程"。程颢之学以"识仁"为主，程颐之学以"穷理"为要，他们的学说后来为朱熹所继承和发展，形成了程朱学派。《二程遗书》较为全面地体现了二程理学思想。该书反映了以程颢、程颐为首的北宋洛学的思想特征，也反映了二程的历史观点。

本书以清同治十年（1871）涂宗瀛刻《二程全书》本为底本。书后附《明道先生行状》《墓表》《门人朋友叙述并序》《伊川先生年谱》等相关文献。

4. 朱子近思录

南宋朱熹发展了二程关于理气关系的学说，集理学之大成。他的著作在明清两代被奉为儒学正宗，他的博学和精密分析的学风也对后世学者影响巨大。《近思录》十四卷，是朱熹在另一位理学大师吕祖谦的协助下，采撷周敦颐、程颢、程颐、张载四先生语录类编而成。此书借四人的语言，构建了朱熹简明精巧的哲学体系，被后世视为"圣学之阶梯""性理诸书之祖"。

本书以明嘉靖年间吴邦模刻本为底本。书后附《朱子论理气》《朱子论鬼神》《朱子论性理》三篇，均摘自《朱子语类》。

5. 象山语录

南宋陆九渊,世称象山先生,他提出"心即理"之说,认为天理、人理、物理即在吾心之中,心是唯一的实在。《语录》二卷集中反映了他的思想特征。

本书以上海涵芬楼影印明嘉靖间刻《象山先生全集》本为底本。

6. 阳明传习录

明王守仁,世称阳明先生,他发展了陆九渊的学说,形成"陆王学派",主张用反求内心的修养方法"致良知",以达到"万物一体"的境界。《传习录》三卷,是王阳明心学的主要载体。

本书以明隆庆六年(1572)谢廷杰刻《王文成公全书》本为底本。

7. 船山思问录

明末清初的王夫之,字而农,世称船山先生。他对心性之学剖析精微,有极浓厚的宇宙论兴趣,建构了集宋明思想大成的哲学体系;他不仅博览四部,还涉猎佛道二藏,工于诗文词曲。船山之学博涉多方,若要对其思想有一个鸟瞰式的把握,《思问录》可作首选。此书分为内外二篇,内篇是对自家基本哲学观点的陈述,外篇则是申说对具体问题的看法。《思问录》是船山学说主要观点的浓缩,可与《张子正蒙注》互相发明。

本书以民国二十二年（1933）上海太平洋书店排印《船山遗书》本为底本。末附《老子衍》《庄子通》二种。

8. 习斋四存编

清颜元号习斋，少时好陆王书，转而笃信程朱之学，最终又回归周孔，提倡恢复"周孔之学"。在学术上，和学生李塨一起，倡导一种注重实学、强调"习行""习动"、反对读死书的学风，世称"颜李学派"。被后人推崇为"继绝学于三古，开太平以千秋"的《四存编》，反映了颜习斋一生的思想历程。此书分"存性""存学""存治""存人"四编，作者的主要思想表现在"存性""存学"两编里，"存人编"则专为反对佛教、道教和伪道门而作。

本书所依底本为民国十二年（1923）四存学会排印《颜李丛书》本，该版本在民国时流传较广，但相较于康熙年间初刻本，略去若干序跋、评语。此次整理，将略去部分补足，以还初刻本之原貌。

本丛书每本之前，冠以专家导读，勾勒其理论框架，剔抉其精义奥妙，探索其学术源流、文化背景，以期在帮助读者确切理解原著的同时，凸现一代宗师的学术个性。同时，整套丛书亦勾画出宋明理学前后发展的主线，是问津宋以后儒学演进、下探当代新儒学源流必读的入门书。

目　录

习斋四存编导读

陈居渊

一、颜李学派的创始人

颜元（1635—1704），字浑然，又字易直，晚号习斋，河北博野人。中国十七世纪著名学者，明清之际反理学思潮的重要代表人物，在清代思想界产生过相当影响的"颜李学派"的创始人。

颜元小时姓朱，名良邦，字易直。因父亲颜昶幼年便过继给蠡县朱九祚为养子，而颜元恰生于朱家，遂从朱姓。颜元四岁时，正值清兵进驻京畿，父亲颜昶由于在朱家过得并不惬意，不久便随清兵去了关东，从此杳无音讯。颜元的母亲因丈夫一去不返，终于颜元十二岁时改嫁，年少的颜元只能同养祖父母一起生活。这期间，朱翁曾为他谋贿入庠，但颜元自言"宁为真白丁，不为假秀才"而罢。十九岁时，颜元因受朱家讼事牵连被捕入狱，不久讼解释出。这年，颜元师从蠡县庠生贾珍并考中秀才。从此，颜元担负起维持全家生计的重任。二十岁后，颜元因读《通鉴》而迷上兵书，以致"究战守机宜，尝彻夜不寐"。二十四岁时，颜元毅然放弃仕途而开设家塾，教授生徒，以"思古"为斋名，自号思古人。作《王道论》，后改名《存治编》，潜心研究经世之学。

二十四岁至三十四岁，颜元对宋明理学产生了浓厚的兴趣，其思想也随之经历了由深喜陆王之学到专尊程朱之学的重大变化。他二十四岁时从学生彭好古的父亲彭通处得《陆王要语》，于是"深喜陆、王，手抄《要语》一册"。次年即赴易州，拜访当时被誉为北学重镇的孙奇逢的弟子王五修。这时，颜元先后作《大盒歌》与《小盒歌》，深得陆王心学以易简工夫求诸本心的旨趣，被誉为"真陆王"。二十六岁读《性理大全》，见周、程、张、朱语录，幡然改志，以为较陆、王二子尤纯粹切实。从此，颜元对理学笃信敬奉，他当时所做的反省工夫便是"心无妄思欤？口无妄言欤？耳无妄听欤？目无妄视欤？足无妄走欤？坐如尸欤？立如齐欤？事亲爱而敬欤？居家和而有礼欤？启蒙严而宽欤？与人平而正欤？对妻子如严宾欤？读书如对圣贤欤？写字端正欤？"（《习斋年谱》卷上）。三十四岁时，颜元的养祖母病故，于是他遵朱熹《家礼》服丧，疏食少饮，几乎病饿致死，这使他对理学产生了怀疑，认为程、朱与陆、王都参杂佛学，不是真孔学。于是"更思古斋曰习斋"，著《存性编》《存学编》，确立了以"实文、实行、实本、实用"为宗旨的学术思想，力斥宋儒静坐读书、存心养性之学。他认为："后世诵读、训诂、主静、致良知之学，极易于身在家庭，目遍天下，想象之久，以虚为实，遂侈然成一家言而不知其误也。"（《存性编》卷一）他指出，这种空疏不实的学风，必然导致"近世言学者，心性之外无余理，静敬之外无余功"。他批评朱熹"满口胡说"，"千余年来，率天下人故纸中，耗尽身心气力，作弱人、病人、无用人者，皆晦庵（朱熹）为之也"（《朱子语类评》）。他认为儒学的真谛在于"申明尧、舜、周、孔三事、六府、六德、六行、六艺之道，大旨明道不在诗书章句，学不在颖悟诵读，而在期如孔门博文约礼，身实学之，身实习之，终身不解者"（《存学编》卷一）。其中，颜元特别强调学习"六艺"以及"兵农钱谷,水火工虞"等生产、军事方面的知识和技能的重要性,表明了他的"实学"思想是以"实用"为帜志。所以他说:"我夫子学教专在六艺,务期实用。"(《存学编》卷三)

康熙十八年(1679),颜元三十九岁时,李塨前来问学。李塨继承了颜元的实学思想,批评宋明儒者专为"无用"之学,他说:"养心必养为无用之心,致虚守寂;修身必修为无用之身,徐言缓步;为学必为无用之学,闭门诵读。不去其痼尽,不能入道也。"(《恕谷年谱》卷四)他认为学术研究的目的是有益于世道,他发扬颜元注重实际知识的思想,认为"纸上之阅历多,则世事之阅历少"(《恕谷先生年谱》卷二),倡导亲身习行践履。他与颜元一样,强调学者要能干济实事,有用于世,致力于"礼乐兵农之学,水火工虞之业"。他提出"兵农礼乐射御书数水火工虞之事皆可学也"的主张,并多次南游,宣传颜元的实学思想,"颜李之学"自是逐渐形成。

四十八岁时,颜元在蠡县与李塨、王五修讨论"习行经济"之学,作《唤迷途》,共分五唤:一唤寻常僧道,二唤参禅悟道僧道,三唤番僧,四唤惑于二氏之儒,五唤乡愚各色邪教。阐述立人行事的原则,即所谓的"归人伦",因改名为《存人编》。康熙三十年(1691),颜元南游中州(今河南),沿途宣传他的社会理想和实学思想。有感于当时"人人禅子,家家虚文"的局面,颜元提出"真与孔门敌对,必破一分程朱,始入一分孔孟","程朱之道不息,孔子之道不著",以不作"乡愿"的精神,猛烈抨击程朱理学。康熙三十五年(1696),已是六十二岁的颜元在许三礼的三度敦请下，终于应邀主持漳南书院。这是颜元平生唯一一次以讲学的形式，全面系统地传布他的实学思想。康熙四十二年（1703），即颜元病逝的前一年，收北京王源为弟子。王源继李塨之后，成为清初"颜李学派"的又一个重要人物。

颜元生逢家国多故之际，"自幼及壮，孤苦备尝"。在贫贱困厄的生活中，他艰苦力学，卓然成家，有"十八代来第一人"的美誉。而作为反映他一生主要思想历程的《四存编》（《存治编》《存性编》《存学编》《存人编》四编的合称），也因此被推崇为"继绝学于三古，开太平以千秋"的名编。

二、苦行大师的社会理想

以倡导"实学"著称的颜元，淡泊明志，甘于清贫，一生致力于探求治世之道。李塨说："先生自幼而壮，孤苦备尝，只身几无栖泊，而心血屏营，则无一刻不流注民物，每酒阑灯炧，抵掌天下事，辄浩歌泣下。"（《存治编序》）从时序上看，颜元社会理想的构成，可以他二十四岁时所著的《存治编》作为标志。

《存治编》原名《王道论》，全编分"王道""井田""治赋""学校""封建""宫刑""济时""重征举""靖异端"九篇，集中体现了颜元主张恢复井田、封建、学校等"王道"政治的社会理想。他认为："欲法三代，宜何如哉？井田、封建、学校，皆斟酌复之，则无一民一物之不得其所。是之谓王道，不然者不治。"(《存治编·王道》)所谓"封建",本指周代实行公、侯、伯、子、男五等爵位的"封国建藩"的政治制度,它是有鉴于当时"天下共苦战斗不休",为维护诸侯世代相传的特权而拟制的。然而颜元明言主张恢复"封建"的目的是出于"天下安康"与"长治久安"的动机,即"非封建不能尽天下人民之治",这显然是他从总结夏、商、周三代享国的时间比后世历代都长的历史中所得出的结论,所谓"盖民生天地,咸沐封建之泽,无问兴亡,皆异于后世如此"(同上)。为回复"封建",颜元又提出以"垦荒、均田、兴水利"七字富国安民的"井田"纲领。孟子曾说过"方里而井,井九百亩,其中为公亩,八家皆私百亩,同养公田"(《孟子·滕文公上》)这种"八家皆私百亩"的井田制,其本身就含有均田的涵意。不过在颜元看来,实行均田可以"因时而措","可井则井,不可井则均",不必考虑是否一定附合古代的"沟洫之制,经界之法",目的是为消除社会上的贫富悬殊。所以颜元指出:"思天地间田,宜天地间人共享之。若顺彼富民之心,即尽万人之产而给一人,所不厌也。王道之顺人情固如是乎?况一人而数十百顷,或数十百人而不一顷,为父母者,使一子富而诸子贫,可乎?"(《存治编·井田》颜元提倡回复"封建"和实行"井田",从历史发展的角度而言,这无疑是一种历史的倒退。然而颜元正是通过论证"封建""井田"的社会理想,实际上说明了他崇尚王道政治的一种人生态度。

在中国儒家传统思想中,所谓"王道",往往意味着论事行事必定祖述尧、舜、禹、汤、文、武、周公。他们都确认业已逝去的往昔曾有过一个令人向慕的太平盛世,一个近乎完美的社会。它虽然已经一去不返,在人们的记忆中仅存一种模糊的轮廓,但它却提供了后世人们值得永远追求的价值目标,依然是儒士努力仿效的楷模。正因为如此,他们总是把自己的理想说成过去的事实,以便为它找到有说服力的根据。然而对颜元而言,其社会理想本身乃是完美的,而这个完美的社会理想也就是规范后世人们言行的准则。他说:"五帝、三王有数百年之天下,而仍有千万年之不亡之国也。使各修天子礼乐,事则膰之,丧则拜之,客而不臣,是五帝、三王有千万年不亡之国,即有千万年不降之帝王也。"(《存治编·封建》)追溯上古的历史,肯定其典章制度具有典范的意义,说明颜元的社会理想还是以"圣经王道"为出发点的。所不同的是颜元还进一步提出了一套矫世变俗的具体措施,那就是以"人皆兵、官皆将"六字强天下。如他曾列举九条寓兵于农的优点:

　　一曰素练。陇亩皆阵法,民恒习之,不待教而知矣。一曰亲卒。同乡之人,童友日处,声气相喻,情义相结,可共生死。一曰忠上。邑宰、千百长,无事则教农、教礼、教艺,为之父母;有事则执旗、执鼓、执剑,为之将帅;其孰不亲上死长。一曰无兵耗。有事则兵,无事则民,月粮不之费矣。一曰应卒难。突然有事,随地即兵,无征救求援之待。一曰安业。无逃亡反散之虞。一曰齐勇。无老弱顶替之弊。一曰靖奸。无招募异域无凭之疑。一曰辑侯。无专拥重兵要上之患。(《存治编·治赋》)

颜元试图通过为封建国家策划王道政治中的九条改良措施，进一步提出他的"有以更张"的治世之道。颜元说："先生鼓琴，羽弦断，解而更张之，音调顿佳。因叹为学而隋，为政而懈，亦宜思有以更张之也。彼无志之人，乐言迁就，惮于更张，死而后已者，可哀也！"（《颜习斋先生言行录·鼓瑟》）由琴弦的"更张"而"音调顿佳"，联想到为政亦不可"乐言迁就，惮于更张"。他盛赞王安石为"建功立业，欲揩挂乾坤者"，并对王安石的变法不彻底而最终流产表示遗憾说："吾忧有惜也，惜公不能矫，不能变也。"（《习斋记余》卷六）王安石作为中国历史上北宋时期的著名改革家，曾遭到过后人的种种非难。清初王夫之便有"王安石之允为小人，无可辞也"（《宋论》卷六）的不屑一顾。但颜元却将其引为同道，从而也为他的"封建"说注入了新的历史内涵。

正因为颜元提出的"封建"说社会理想，根本上是为改革现行政治的，所以在他提出以"垦荒、均田、兴水利"七字富国安民的纲领以后，同时又强调"举人材、正大经、兴礼乐"九字安天下，而其中尤重"举人才"。他认为古代学校称为"序"，"商学曰序，习射之义也。今犹有射习者乎"（《存治编·学校》）。但是后来科举制度却成为士子追求功名利禄的入仕门径，将一生埋首于穷经和消磨于帖括制艺之中，从而背弃了古代重实行的教育传统。颜元说："汉、宋以来，徒见训诂章句、静敬语录与帖括家列朝堂，从庙庭，知郡邑，塞天下庠序里塾中，白面书生微独无经天纬地之略，礼乐兵农之才？"（《习斋记余》卷一）他甚至认为科举之害，"胜于焚坑"。于是颜元

主张废除科举制度,代之以征举制度,并详述其具体步骤:

> 窃尝谋所以代之,莫若古乡举里选之法。仿明旧制,乡置三老人,劝农,平事,正风;六年一举,县方一人。如东,则东方之三老,视德可敦俗、才堪莅政者,公议举之,状签"某某深知其才德",兼以事实之,县令即以币车迎为六事佐宾吏人。供用三载,经县令之亲试,百姓之实征,老人复跻堂言曰:"某诚贤。"则令荐之府,呈签"某令深知其才德",亦兼以事实之,则守以礼征至。其有显德懋功者,即荐之公朝,余仍留为佐宾三载,经府守之亲试,州县之实征,诸县令集府言曰:"某诚贤。"则府守荐之朝廷,呈签"某守深知其才德",亦兼以事实之,则命礼官弓旌车马征至京。其有显德懋功者,即因才德受职不次,余仍留部办事,亲试之三载。凡经两举用不及者,许自辞归进学。老人、令、守,荐贤者受上赏,荐奸者受上罚,则公论所结,私托不行矣。九载所验,贤否得真矣。即有一二勉强为善、盗窃声誉者,焉能九载不变哉!况九载之间,必重自检饬;即品行未粹者,亦养而可用矣。(《存治编·重征举》)

这种由基层公议推举人才的征举制,对于整肃学风与吏治,有其积极的一面;但为国家输送有真才实学的合格人选,仅以"公议"的单一形式,在封建社会也同样难以杜绝通过关系与贿赂进入仕途的弊端。虽然颜元一生不断呼吁改革科举,如五十七岁时南游中州,仍不懈地宣传这一主张,认为"不复乡举里选,无人才,无治道",但他试图从早已实现过的往古中寻求答案的良好愿望,与现实毕竟相去甚远,因此也难以将这一主张付诸实行。他曾坦言:"仆抱禹、稷之心,而为沮、溺之行。如函剑而欲露寸光者。"(《习斋年谱》卷下)显示了一个儒者兼济天下的入世精神与独善其身的出世思想的矛盾。然而颜元上述的社会理想,却有其深刻的思想基础,那就是渊源于他"习行经济"的经世之学思想。

三、满身古气的经世之学

明清易代,汉族地主政权沦亡,社会动荡凋敝,传统儒学也随之变形和堕落。清初学界在清廷的直接干预之下,一方面是作为官方正学的理学的泛化,并且在新形势下出现"尊朱抑王"和"崇王黜朱"的两股思潮;① 另一方面,一批以誓

---

① 黄百家在描述当时学界现状时指出:"今天下尽人讲学矣。大约其派有二,而要未有不以诋毁先儒为事者也。一则习口头之机锋,而改头换面,以主敬为叠床,以作用为见性,凡周、程以下俱诋之为禅为教而不遗余力。一则假订饾之括帖,名为翌注,以黄口之剿说陈言,奉以耆蔡,因以谩骂象山、阳明,直指为告子邪说。嗟呼!先儒宗旨所在,实从身心体动,万死艰难中得之,此岂不入其堂、不哜其藏者可得冒昧议之乎!盖其腹中空然,非此不足为藏身之术。语诗文,则曰此词章也,而己可不学矣。语经济,则曰此事功也,而之不材可掩矣。语忠孝,则曰此气节也,凡纲维名教,俱不可检矣。于是肆口无忌,妄行批驳,必欲举其空疏块然之一身,高置于岑楼之方寸。呜呼!上之人方将以学术风励天下,岂知流弊之一至此哉。"(《学箕初稿》卷一《人谱补图序》)崛起于十六世纪初期的王阳明"心学",以其"良知"之说鼓动海内,从而打破了明中期意识形态程朱理学独尊的格局。明末由顾宪成、高攀龙等人为发端的"由王返朱"向朱学回归的声浪,同清初"明学术,正人心"的反思合流,演化为对王学的批判。因此黄百家在这里所指斥的第二派,实际上代了乃父黄宗羲对以吕留良为代表的程朱派对王学修正派攻击的回应。

死报效先朝的遗民为代表的在野儒者，在明末的残酷现实中粉碎了自我中心的幻象，通过总结社会更迭和学术演化的历史，将明代灭亡的原因归咎于理学的空疏。顾炎武主张学术研究应有益于政治和移风易俗，黄宗羲强调"学贵适用"，朱之瑜提出"经邦弘化，康济时艰"的为学宗旨。适逢其时并以"转气运人"自期的颜元则认为"救弊之道，在实学，不在空言……实学不明，言虽精，书虽备，于世何功，于道何补"，从而再度探身于原始儒学，寻求济世良方。他在《存学编》中开宗明义地指出："著《存学》一编，申明尧、舜、周、孔三事、六府、六德、六行、六艺之道，大旨明道不在诗书章句，学不在颖悟诵读，而期如孔门博文约礼，身实学之，身实习之，终身不懈者。"这就概括了颜元的经世思想主要体现在"三事三物"的治学内容和"实习实行"的治学途径两个方面。

所谓"三事三物"，颜元在《朱子语类评》中说："尧、舜名其道曰'三事'，周、孔名其道曰'三物'。"因此，"三事"亦即《尚书·大禹谟》中所说的"正德、利用、厚生"，而"三物"则指《周礼·大司徒》中的"乡三物"，即六德（知、仁、圣、义、忠、和），六行（孝、友、睦、姻、任、邮），六艺（礼、乐、射、御、书、数）。颜元认为，六德即尧、舜所谓正德，六行即尧、舜所谓厚生，六艺即尧、舜所谓利用，所以三事实际就是三物。它不仅代表古圣先贤的学术统绪，而且"实学"与"实习"也不能离此三事三物。"唐虞之世，学治具在六府三事，外六府三事而别有学术，便是异端；周孔之时，学治只有个三物，外三物而别有学术，便是外道。"（《言行录》卷下《世情第十七》）颜元虽然将实学内容圈定在三事三物之中，但颜元所重视的只是"六艺"一物。他说："盖三物六德，其发见为六行，而实事为六艺，孔门'学而时习之'即此也，所谓格物也。"这意味着人的道德修养和道德表现都依赖于礼、乐、射、御、书、数等六门技能的学习与掌握。

康熙三十五年（1696），已经六十二岁的颜元在许三礼的三度敦请下，终于决定前往主持漳南书院。漳南书院地处河北肥乡县，是以清初的一所义学为基础扩建而成。康熙十九年（1680），于成龙出任直隶巡抚，肥乡士绅郝文灿等遵照于成龙的命令，在肥乡屯子堡建义学一所，置学田百亩，郝文灿自任义学学师。此后，郝文灿等又将义学扩建，并请官至兵部督捕侍郎的许三礼题名为"漳南书院"。当时，漳南书院草创未就，仅建成"习讲堂"一处。颜元曾在其中堂书一对联，文曰："聊存孔绪，励习行，脱去乡愿、禅宗、训诂、帖括之套；恭体天心，学经济，斡旋人才、政事、道统、气数之机。"这副对联，集中体现了颜元主持漳南书院的办学宗旨。按照颜元提倡的"三事三物"原则，漳南书院的课程设置与教育内容，就与当时其他书院完全不同，分别设有：

一、文事斋：课礼、乐、书、数、天文、地理等科。

二、武备斋：课黄帝、太公及孙吴兵法，攻守、营阵、陆水诸战法，并射、御、技击等科。

三、经史斋：课十三经、历代史、诰制、章奏、诸文等科。

四、艺能斋：课水学、火学、工学、象数等科。

五、理学斋：课静坐，编著程、朱、陆、王之学。

六、帖括斋：课八股举业。

饶有趣味的是，在建筑布置上，帖括斋和理学斋皆北向，以示为周、孔正学之敌对；且暂时设之，以后准备废弃。这些设施，集中体现了颜元的主要教学内容，包括了文科、理科、工科、军事等各方面。这样的课程设置，能使学生博闻强识，学有专长，全面发展。这里颜元着力于知识领域的开拓，将传统教育所不屑道、不乐为之形而下者，皆作为漳南书院中的课目，是教师所当传授的内容，为学生所当掌握的知识。

值得指出的是，艺能斋所设的水学、火学、工学、象数之课目，即墨学的"役夫之道"，自孔子以来，从未正式在学校课程中占一席之位，而颜元创其始。颜元的大弟子李塨在总结传统教育的特点时认为，秦以后的学校教育内容是传经诵读。汉代教育的内容是以经学为主导。至魏晋南北朝，虽然老庄玄学盛行，但仍以经学为主干，只是以老庄之说释儒经，而与汉之经学相异。隋唐时代，教育制度已基本完备，唐代除经学外，还设有书学、算学、法律、医学与玄学。然而，若将唐中央设立的直系各校的学生名额及入学资格作一比较，则可发现，唐代教育宗旨仍是"聚天下贤英为政之首"，即以经史为经世之学。因此李塨提出"学用一致""分科以为士"的学制和分科试用取士制度。[①]

---

① 李塨的分科：一，礼仪（附经史有用之文）；二，乐律（附经史有用之文）；三，天文、历象、占卜（附术数）；四，农政；五，兵法；六，刑罚；七，艺能、方域、水学（附医道）；八，理财；九，兼科（如天文、艺能二科，兼科者但可少少知之）。共九科，分之各署，以试其事。而学生分科专习一事一艺，或天文、数学，或农学，或军事，或法律，或专门技术，或经济一类，而取士即考核其专业知识并试以实事，然后随才授任。

　　漳南书院还有一个显著的特征,就是强调在"习行"上下功夫。颜元认为,宋明以来的书院教育有两大弊端,一是"返观打坐"和"对谈静敬"的习静教育,二是"执书伊吾,搦笔著述"的书本教育。他认为"六艺之教",就是培养学生自己动手,在"习行"中学,从而获得六艺实学知识。如他带领学生"习礼歌诗,学书计","讨论兵农,辩商今古",而且还在野外操练"举石、超距、拳击"等,使书院学生文武并习,造就经世人才。漳南书院纯属民办私学,并没有得到官方的支持,在它营建伊始,便因被洪水淹没而遭受重创。随着颜元的病逝,漳南书院再也没有复兴,以至成为历史的陈迹。但是,漳南书院这种"习行经济"的教育方法和思想,却为晚清洋务派、改良派革新传统教育、创建新式学堂所汲取。

　　颜元所强调的"三事三物",实际上是他出自对人性的理解。他说:"惟言乎性道之作用,则六德、六行、六艺也。"(《存性编》卷二)"六行乃吾性之设施,六艺乃吾性材具,九容[足容直,手容恭,目容端,口容止,声容静,头容直,气容肃,立容德,色容庄]乃吾性发现,九德[三事六府]乃吾性成就。"(《存性编》卷一)正因为人性对于三事三物的作用,所以三事三物也直接影响到人的扬善抑恶,完善人的善良本性。"先王知人不习于性所本有之善,必习于性所本无之恶,故因人性之所必至,天道之所必然,而制礼乐射御书数,使人习其性之所本,而性之所本无者不得而引之蔽之。不引蔽,则自不习染,而人得免于恶矣。"(《习斋先生言行录》卷上)换言之,颜元习行经世的"实学"是以人性为基础,以"实用"为宗旨的。

所以他的"三事三物"实可理解为在复古的学术形式下，重振原始儒学的经世学风，这与他的社会理想也是一致的。周予同先生曾指出："原始之儒家，留意于修齐治平之道，疲精于礼乐刑政之术；虽间有仁义中和之谈，要不越日常道德之际。及至宋代之理学，始进而讨究原理，求垂教之本原于心性，求心性之本原于宇宙。故儒家之特色为实践的、情意的、社会的、伦理的；而理学之特色则为玄想的、理智的、个人的、哲学的；二者殊不相同。"①这表明，自孔子以后，原始儒学所弘扬的经世精神，已被轻视功利、空谈义理的性理之学所取代，儒学完全丧失了儒家以天下为己任的那种历史使命和社会责任感。颜元的"三事三物"既是人性所本，又是"习行"的主要内核，这就意味着颜元的经世之学，必然成为他维护孔孟圣道与批判程朱理学的出发点。

四、弘扬圣道的文化使命

正是基于"习行经济"的思想，决定了颜元必然以尧、舜、周、孔"三事三物之道"的标准评判程朱理学，重现孔学真面目。颜元早年曾是陆王心学的崇拜者，自称在学习了陆、王语录后，便倾心于"直见本心"和"知行合一"的理论，当时所作《求源歌》《大盒歌》《小盒歌》及《格物论》，皆以心学

---

①《周予同经学史论著选集》，上海人民出版社1983年版，页114。

为宗旨,被誉为"真陆王"。^①那以后,颜元又因读了《性理大全》,周、程、张、朱语录,幡然改志,专尊朱学。三十四岁时,突遭养祖母病故,便谨遵朱熹《家礼》服丧,疏食少饮,几乎病饿致死,因而对理学产生怀疑。于是"痛尧、舜、周、孔三事三物亡,而生民之涂炭至此极也,遂有《存性》《存学》之作,聊申前二千年圣人之故道,而微易后二千年空言无用之新学"(《习斋余记》卷六《王学质疑跋》)。对此,颜元首辨朱、陆具非孔学。他认为朱学与陆学的特点在于:前者以主敬致知为宗旨,静坐读书为工夫,以讲论性命、天人为授受,以释经传注、纂集书史为事业;后者则先立其大,通体宇宙,以致良知为宗旨,以为善去恶为格物,无事则闭目静坐,遇事则知行合一。这两种不同的学术取向,不仅与孔门六艺不合,而且与

---

① 宋代陆九渊曾作过一首《大人词》谓:"从来胆大胸膈宽,虎豹亿万虬龙千,从头收拾一口吞。有时此辈未妥帖,哮吼大嚼无毫全。朝饮渤澥水,暮宿昆仑巅。连山以为琴,长河为之弦。万古不传音,吾当为君宣。"(《象山先生全集》卷二十五)通过对"自我"的夸张描绘,形象地表达了他的"吾心便是宇宙,宇宙即是吾心"的心学思想。颜元《大盒歌》谓:"盒诚大兮诚大盒,大盒中兮生意多。此中酿成盘古味,此中翻为叔季波。兴亡多少藏盒内,高山拍掌士几何。此处就有开匣剑,出脱匣外我婆娑。"《小盒歌》谓:"盒诚小兮盒盒小,小盒生意亦不少。个中锦秀万年衣,就里佳肴千古饱。如何捧定无失却,如何持盈御朽索。忽而千里向谁觅,返而求之惟孔老。识得孔叟便是吾,更何乾坤不熙皞。"颜元这两首诗,虽不具有陆九渊那种强烈的自我意识,但他的"大盒""小盒"之喻"宇宙""吾心"也极明显。如他的"开匣"与"脱匣"句,即可视为体悟本心不为物所累。"万年衣"与"千古饱"句,则是"求诸本心,万物俱足"的另一种说法。最后两句更体现了颜元对心学的"简易工夫"和"六经注我"式的学圣方法的倾心。颜元《王学质疑跋》曾回忆当时对理学入迷时说:"二十三岁得陆王二子语录,而始知世有道学一派,深悦之,以为孔孟后身也。从之,直见本心,知行合一。元虽不敏,一若有得于二子者。其时,著《求源歌》、大小《盒歌》、《格物论》,大约皆二子宗旨也。见者称'真陆王'。"

孔门明德、亲民的思想也相左。颜元说:"夫子乃乡里道路朝
庙之夫子也,其道乃乡里道路朝庙之道,学乃乡里道路朝庙
之学也。如谓读书便足处天下事,而不必习行,是率天下而
汉儒也;如谓一室主静敬,便足明天下理,而不必历练,是率
天下而禅也。"(《言行录》卷下《不为第十八》)"率天下而汉
儒"专指程朱,"率天下而禅"专指陆王,两派都不是"乡里道
路朝庙"正统孔学。当时两派虽有所谓"朱子真面即孔子真
面"与"陆子真面即孔子真面"各自的标榜,但颜元的结论是
"朱、陆两派俱非尧、舜、周、孔三物之道",从而确认朱、陆俱
非"孔子面目"。

众所周知,十七世纪中叶,随着清王朝政权的日益巩固,
一度趋于沉寂的程朱理学得到政府的支持和提倡,被官方确
认为"正学",再度高踞庙堂。然而同属理学的陆王心学,虽
因其"说玄说妙"而遭到清初学界的批判,但仍活跃于民间,
并为学者们津津乐道而公开予以表彰,反映出与官方截然不
同的学术取向。但两派之间的攻驳、争辨,却日趋激烈,最终
导致调和朱陆的出现。如当时北方学者孙奇逢就致力于朱、
陆两派的"平和劝解",是为一例。颜元曾致函孙奇逢说:"虽
使朱学胜陆而独行于天下,或陆学胜朱而独行于天下,或和
解成功,朱、陆合一,同行于天下,则终此乾坤亦只为当两宋
之世,终此儒运亦只为说话著书之道学而已,岂不堪为圣道、
生民长叹息乎!"(《存学编》卷一)从朱、陆两家学术中探寻
两宋政治衰弱的历史原因,虽失之偏颇,但他认为朱、陆应为
儒学沦为空疏无用之学负首要责任,却在一定程度上反映了

历史的真实。如张烈的《王学质疑》攻击姚江之学是"假孔孟以文禅宗,藉友谋以标道德,破坏程朱规矩,蹂躏圣贤之门庭"。对于这种批评,颜元的态度却截然相反,他曾著《阅张氏王学质疑评》一文,予以驳斥。于是论者指责他"党王子而护之也"。①诚然,颜元对朱学的批评严于陆学,但也公开批评王学近禅,表明自己不袒护王学。他的评判标准是在确认朱、陆两派"俱非孔子面目"的前提下,就朱、陆两家学术进行批评比较的,否则就难以理解他劝说李塨放弃王学而"尊信周公、孔子,实学二圣之学,行二圣之道"。

　　关于王阳明的"良知"之学究竟是儒学还是禅学,这在清初也颇有争议。王锡阐与顾炎武讨论当时学术倾向时认为:"伊洛高弟已有背其师说而流于禅者,至象山而溃金堤,至姚江而泛滥中国矣。"(《晓庵先生文集》卷二《又答顾亭林》)王夫之也曾指出说:"朱子以格物空理为始教,而檃括学者于显道之中。乃其一再传,而后流为双峰、勿轩诸儒,逐亦蹑影,沉溺于训诂,故白沙起而厌弃,然而遂起姚江王氏阳儒阴释诬圣邪说。"(《张子正蒙注·序论》)以"禅语"的形式来传授学习圣人之学的心得,这本是王阳明学说的特点。如王阳明认为"禅之学与圣人之学,皆求其心也,亦相去毫厘耳"(《阳明全书·重修山阴县学记》)。陈建批评他一生所尊信者达摩、慧能,而于孔、曾、思、孟皆有所不满。(《学蔀通辨》卷九)王

_____

① 因此《四库全书》的编撰者将其归入王学,并得到阮元等乾嘉学者的支持,张之洞据此将颜元归入理学别传。

阳明再传弟子陶望龄也认为自王阳明后,学者盛谈玄虚,遍天下皆禅。(《歇庵集》卷十六《辛丑入都寄君奭弟书》)因此,被誉为王学殿军的刘宗周干脆直呼其为"阳明禅"。(《刘子全书》卷十九《答胡嵩高、朱绵之、张奠夫诸生》)不过,清初学者批评王学为禅学,并非探讨两者之间的异同,而是针对明代中后期心学与禅悦之风吸引了众多苦于沉闷空气的士大夫从内心禁锢的世界中挣脱出来,从而大胆追求尘世幸福,掀起了一股追求个性解放的异端思潮的现象,这与清初重振儒家传统道德观念无疑是背道而驰的。因此,他们视王学为禅学,客观上是与当时"明学术,正人心",重新确立朱学权威的社会要求紧密联系在一起的。

当然,清初学者也不乏确认王学为儒学的。著名诗人王王禛在《游华山记》一文中,说他与见月和尚会面时的感受说:"至是始相见山中。一灯夜尘,往复叩击,乃知浮屠之说,乃与吾儒道德仁义之旨,了然不殊。"(《渔洋山人文略》)黄宗羲在《恽仲升文集序》声称"子之学,非禅学也。此世之中而有吾两人相合,可无自伤其孤零矣"。恽仲升即恽日初,曾是刘宗周的弟子,后出家天台山,法号"明昙",僧服讲学以终,"人皆目之禅学"。但黄宗羲认为他不是禅学,而是儒学,并引以为知己。黄宗羲当时以大儒的身份,而王士禛则以当时文坛领袖的身份,两者都确认儒、释双方思想感情的完全一致,这就不难理解清初学者执意断定王学是儒学了。然而清初学者对阳明学说的认同,实际上是他们对王阳明作出了新的历史评价。如朱彝尊认为:"文成先生揭良知之学,投荒裔,御大敌，平大难，文章卓然成一家之言，传所称三不朽者，盖兼有之。世儒讲学寓之空言，先生则见诸行事者也。议者或肆诋其近于禅学，夫弃人伦事之常而谓之学者禅也。"（《曝书亭集》卷三十六《王文成公文钞序》）颜元弟子王源说："尝以为孟子没后千数百年，全体大用，才堪王佐之儒，唯诸葛忠武、王文成两人而已。"（《居业堂集》卷七《与朱字绿书》）王源此说，实涵盖了颜元对陆王学术和事功具有典范意义的理解。①

陆王心学作为一种思想，自它产生之后，便有它自己的生命。随着时代的推移，它后来发展的路向，并不为思想家的个人意志所转移。在它传衍的进程中，会出现许多汇流、中断和歧出。如果认为某种思想只能局限于某个学派的内部传授，那就离开了历史的真实。作为清初理学一个重要环节的心学，在清初程朱理学复兴的风潮中，却脱离了它原来的传统，

①　在清初文坛曾出现一股崇王的思潮。王士祯说："王文成公为明朝第一流人物，立德、立功、立言皆臻绝顶。"（《池北偶谈》卷九《王文成》）宋荦说："伯安具文武才，人鲜能及。乃以讲学故，毁誉迭见于当时，是非几混于后世。"（《经义考》卷一五九《王氏守仁大学古本旁释》引语）毛先舒也认为："王守仁功名学术卓卓光大，表表千古，而议者多贬之，谓其成功用诈，又诋其学术为异同。嗟呼！何甚哉。"（《类辑姚江学脉附诸贤小传》附毛先舒《王新建功名学术两论》）张揆方声称："居今日而论皇明儒统，以正学而兼功业文章者，必以阳明为巨擘焉。"（《米堆文钞》卷六《阳明非异学辨》）张大受干脆说："万里龙场路，斯文二百秋。良知从此僻，大业更谁侔。"（《匠门书屋文集》卷十《阳明书院》）以上不厌其烦地引述清初文人对王阳明的历史评价，并不意味着清初主要从事诗歌创作的文人都是王学家，而是通过上述所列材料来说明：在清初文坛对阳明学说颇具好感的诗人们，他们并不理会意识形态对王学思潮的批判，他们的思想感情更接近王学，他们所赞赏的仍然是阳明学说的实际价值，这是王学在清初所呈现的新态势。相关讨论，详见拙作《清初的文人与王学》，载《哲学与文化》第二十五卷第八期，台湾哲学与文化月刊杂志社1998年出版。

逐渐失去了在思想领域里的主导地位。但颜元却藉以作为打击理学的对象,这也暗示了颜元反理学的重点即在复活传统儒学经世精神,因此他说:"有志者苟得吾《存学编》之意,两家之是非总可勿论,直追三事、三物,学而偏者贤,全者圣。一切故纸堆,宜付祖龙矣。"(《习斋记余》卷六《阅张氏王学质疑评》)这里,颇可窥见颜元对自己学术非理学品格的定性。

五、颜元与李塨的异趣

早有学者指出,颜元的反理学思想所以能在清初学界风靡一时,其弟子李塨实堪称一关键人物。李塨(1659—1733),字刚主,号恕谷,河北蠡县人。他是颜元"习行经济"思想的主要继承和发扬者。康熙十八年(1679),年过弱冠的李塨遵父命师从颜元,以"三物六行六艺为学之本,期于实用,学数、学射御、学书"(《清儒学案》卷十三)。史载李塨初次聆听颜元"学者勿以转移之权委之气数,一人行之为学术,众人从之为风俗。民瘼矣,尚忍膜外?"以习行经济之学自励的教诲后,感动泣下,从此立下张扬颜元实学思想的宏愿。他曾对王源说:"窃不自揣,志欲行道。如不能行,则继往开来,责难谢焉。当此去圣既远,路岔论咙,非遍质当代夙学,恐所见犹涉偏固,不足闲道。又挽世警众,必在通衢,僻谷引吭,其谁闻之?"(《恕谷年谱》卷三)三十七岁后,又多次别师南游,与海内名流如梅文鼎、万斯同、毛奇龄、阎若璩、胡渭、王复礼、戴名世、孔尚任、方苞等皆相结纳,进行学术交流。梅文鼎称他是"转气运之人",而学界泰斗万斯同更赞誉他"续周孔绝学,非我所及"。颜学经李塨的积极宣传和传布,于是"发扬震动于时",成为清初学界的显学。李塨也因此名倾朝野,当时便有"颜李学"之目。雍正初年,徐元梦、张廷玉欲聘李塨为皇子师,终因方苞从中暗阻而不果。①

李塨继承了颜元的学术思想,他提倡"古之学实,今之学虚",注重"实事实物",其内容大致以六艺为崇。如他认为"古之为学也……六德、六行、六艺为物"。又如他提出以"有用""无用"来区分"古学"与"今学"的差异,认为"今世之学,徒事记诵,与古迥异。古四术三物,仕即其学,学即其仕;今学徒占毕非所用,用责干济非所学,而世事坏矣"(《恕谷年谱》卷二)。李塨还从学术流变史的角度,进一步论证今学之虚。他认为自秦焚书之后,学术的发展为之一变,古代圣贤的"口传身示之实绩"已失传,不得已而求诸典籍,并直接影响到后世只能从典籍中探寻古圣的思想精华,最终导致"习行少、讲说多",实践与理论的分离,学术研究也由原来的崇"实"而趋于务"虚",即"有用"变"无用"。这显然是对颜

---

① 据《恕谷年谱》卷六载:"宰相谋征先生而灵皋以老病阻之,时先生年六十五,未尝老病也。或曰:'灵皋与先生至厚,知先生必不出也。'然先生一生志在行道,非石隐之流也。观先生《祭颜先生文》曰:'使塨幸得时而驾,举正学于中天,挽斯时于虞夏,即不得志,亦必周流汲引,使人才蔚起,圣道不磨。'此先生之志也。……夫以抱经世之志如先生,负经世之学如先生,凡我同人,孰不望其一出者?张、徐二相谋征先生,此千载一时也,乃灵皋一言止之,先生亦遂终老林下矣。行或使之,止或泥之,非古今同慨与!"有关李塨与方苞的学术公案,姜广辉教授有详细的论述,请参见《走出理学》第262页,辽宁教育出版社1997年版。

元"以实疾其虚",用"实学"反对程朱之"虚学"的继承和发展。所以刘师培说:"刚主继之,颜学益恢。"

李塨弘扬师说,已有上述可得证明。然而李塨思想并非颜元思想的简单翻版,而对于师说也有程度不等的变通和修改。如顺治十五年(1658),颜元作《存治编》,提倡"封建",阐扬自己的社会理想。然而在是否应回到"封建"制问题上,李塨表示了不同的意见。他在《存治编·书后》一文中说:"惟封建以为不必复古。因封建之旧而封建,无变乱;今因郡县之旧而封建,启纷扰。"这就是说,当时改郡县为封建是一种"复古",它将给社会带来不安定的因素。对此,颜元、李塨师徒之间"商榷者数年",最终未能取得一致的意见。

在反对宋明理学家所说的天命之性和气质之性方面,颜元盛赞孟子的"性善论"。颜元认为,天下没有"无理之气",也没有"无气之理",气即理之气,理即气之理。他认为只有气质之性,才是人性。他赞同孟子确定人性本善,是有功于万世。强调理气、性形不二,指出人的恶行是由后天的"引蔽习染"而导致的结果,并提出性、情、才三者相统一的人性论。李塨继承了颜元"理气融为一片"观点,认为"气外无理",主张理气不可分,提出"理在事中"的命题,认为"夫事有条理日理,即在事中","离事物何所为理乎"(《论语传注问》)。李塨还进一步发扬颜元注重实际知识的思想,认为"纸上之阅历多,则世事之阅历少"(《恕谷先生年谱》卷二),倡导亲身习行践履。指出理学家空谈"致虚守寂"之害,是宋明亡国的原因。认为"不行不可谓真知",又提出"知固在行先",

"学胜行,学先行",这与颜元"学而后知,知而后行",行重于知、先于知的思想中所包含的以实践作为认识的观念也并不一致。

不过,李塨对颜学的修订,主要体现在与颜元为学路径的异趋,即由弘扬师说的"习行经济"之学逐渐转入经典考证一途。

康熙三十四年(1685)后,李塨曾数次南游,先后结识浙江名流毛奇龄、万斯同、胡渭等著名汉学家,深受经典考证治学方法的影响。他认为考辨经书与"习行经济"并行不悖,"取其经义,犹以证我道德经济",并师从毛奇龄研习《尚书》《周易》以及婚丧祭礼。① 对此,颜元似已有觉察,曾告诫他"此行历练可佳也,惟勿染南方名士习气耳"。所谓"南方名士习气",便是指南方学者治学特重经典考证的学风。当李塨第二次南游时,颜元再度告诫他"用实功,惜精力",并恳请李塨继续张扬"实学",以完成自己未竟的事业。然而此时的李塨已深受考据学风的浸染,先后完成了对《周易》《诗经》《春秋》《论语》等一系列经典的注释和

---

① 毛奇龄曾说:"李生非叛吾教者,彼不过自返其初服而已,当其不远数千里踵门来谒,似极有志,第揣其意似欲挟其业师博陵颜元[字习斋]之学,冀移易天下,予乍闻其说《四存编》大旨,似欲呈其书,而予遮阻之。李生快快而退。今所刻《存性》《存学》,其二也。既而从余受律吕,受《尚书》,受《易》及婚丧祭礼,幡然而改,尽舍所学而从我,然且请予文,表其尊人孝愨先生之墓,其中有孝愨与习斋学术相龃龉处,请略为指出。予文久行世,可验也。暨归一年,而书来请业,有云'古来《大学》说格物,只量度本末,似少实际,塨拟以《周礼》司徒职三物之教当之,似德行道艺较有把捉,恐《大学》教人成法只得如此',此即阴行习斋说也。"(《西河合集·逸讲笺》)

考辨工作。①

　　如何理解颜元与李塨治学路径的异趋？论者每每确认考据学风对李塨学术发生影响的一面，从而忽略了学术自身有待变化的另一面。儒学在中国长达两千年的历史中，一方面自身也在不断地变化，另一方面又不断地受到以佛、道两教为代表的异质文化的渗透，至宋代便出现了所谓的儒学更新运动，其结果就是创立了一种以儒学为主体，吸收、改造佛、道哲学，融会三教思想精粹的新儒学。清初，黄宗羲提出儒学的要义应该是经天纬地，建功立业，绝不鄙弃治理财赋，开阗拓边，读书做文，留心政事种种实际事务，不徒作为天地立心、为生民立极、为万世开太平的纸上空谈。国家有忧，便蒙然张口，如坐云雾的腐儒，并不是真儒。真儒应该向传统儒学回归，张扬儒家以天下为己任的经世精神。黄宗羲的这一历史意向得到了被誉为"开国儒宗"的顾炎武的明确支持，那就是他提出"理学即经学"的著名论断。按照顾炎武的见解，古代的理学是与经学联系在一起的，阐发义理应以儒家经典为基础，而今天学者虽讲义理，然而不读《五经》，靠几本语录与自己的"玄想"空谈一阵，致使儒学失去了汉唐时代那种经天纬地的

————————

①　李塨当时受到两方面的压力。一方面要发扬师说，继续贯彻颜元的"习行经济"的经世之学，另一方面则来自学界经典考辨学风的影响，他面临着两难选择的困惑。他说："颜先生以天下万世为己任，卒而寄之我。我未见可寄者，不得不之书，著书岂得已哉！"（《恕谷后集》卷五）又说："予……至于五十始衰，自知德之将毫，功之不建矣，于是始为《周易传注》，续之《四书传注》，立德无能，立功何日，而乃谆谆立言，怅如之何！"（《诗经传注题辞》）弘扬师说，本来是他的精神支柱，但他又不得不顺从学术发展的趋势，走入"返证之《六经》《语》《孟》，历历可据，而向未之见"的考据一途。

气概与修齐治平的宏图。学者应该尊奉以孔子为代表的原始儒学，置身于对传统经学的重新审视和体认。颜元提倡"习行经济"固然有以天下万世为己任的儒家经世精神，但他更多的是表现出回复"封建"政体的复古特征，这就使他的实学思想停留在经验论的"习行"范围。而李塨则是以经书考辨的形式，论证"道德经济"的内容。就颜学本身而言，李塨的治学路径无疑背离了师说；但就学术立场而言，李塨并未放弃以实学为宗旨的理念，而与汉学家打成一片，以效法孔子的名义推行实学思想，更有利于贯彻和发扬颜学。"颜李之学"在清初之所以令学界醉心，答案也就在于此。①

六、颜学在晚清的复活

清代乾嘉之际，考据学兴起，汉学研究成为学界的主流，颜李之学已不为学者所注目。其间虽有程廷祚与著名文士袁枚就颜学定性的讨论，但当时应者寥寥。颜学再次成为学界的热点，那是在清同治八年（1869），浙江德清学者戴望首次汇辑《颜氏学记》，公开表彰颜李学派之后。

晚清的学术领域，虽然今文经学风靡一时成为学术主潮，但儒学各派的发展却没有停滞。如以讲究内省修身为特点的

---

① 方苞曾说："夫学之废久矣，而自明之衰则尤甚焉。某不足言也。浙以东则黄君梨洲坏之，燕赵间则颜君习斋坏之，盖缘治俗学者，憒然不见古人之樊，稍能诵经书，承学治古文，则皆有翘然自喜之心，而二君以高名者旧为之倡，立程朱为鹄的，同心于破之，浮夸之士皆醉心焉。"（《望溪先生文集》卷六《再与刘拙修书》）

理学复兴和以考据为主体的汉学仍居于正统地位,又如主张融通汉学与宋学的汉宋兼采之学也相当活跃。然而面对19世纪中叶中国封建社会出现的新格局,这些学术研究,自然无法担负起振衰起弊的时代使命。于是公羊学大师戴望率先编撰《颜氏学记》,表彰清初学者颜元的学术思想,企图为当时学者提供值得效法的前辈楷模。梁启超说:"习斋之学,虽不为时流所喜,然而经恕谷极力传播,昆绳、皋闻、绵庄相与左右之,当时有志之士闻风兴起者也很不少。诸公既没,而考证学大兴,掩袭天下,学者差不多不知有习斋、恕谷了。其遗书亦什九散佚不可见。近代头一位出来表彰他们的,曰戴子高。"(《中国近三百年学术史》)戴望在《颜氏学记序》中毫不掩饰他对颜学的倾心,他说:"颜李之学,周公、孔子之道也。自陈抟、寿涯之流,以其私说簧鼓天下,圣学为所汩乱者五百余年,始得两先生救正之,而缘隙奋者至今不绝,何其蔽与!"①自戴

---

① 戴望曾就颜元的学术思想归结为三个方面。他在《处士颜先生元》一文中指出:"先生之学,确守圣门旧章,与后儒新说别者,大致有三。其一,谓古人学习六艺以成其德行,而六艺不外一礼,犹四德之该乎仁;礼必习行而后见,非专恃书册诵读也。孔子不得已而周流,大不得已而删订,著书立说,乃贤圣之大不得已。奈何以章句为儒,举圣人参赞化育经纶天地之实事,一归于章句,而徒以读书篡注以功乎!……其一,谓气质之性无恶,恶也者蔽也,习也。谶纬之恶,皆自玷其体,神圣之极,皆自践其形也。……若曰气质有恶,是于天之降才即罪矣,是歧天人而使之二本矣。况曰性善,谓知愚之性同是善耳;亦未尝谓全无差等。孔子曰:性相近也,习相远也。性之相近如真金,多寡轻重不同,而其为金相若也。惟其有差等,故不曰同;惟其同一善,故曰近。其引蔽习染,溺色溺货,以至无穷之罪恶,则皆以习而远于善,即所谓倍蓰无算,不能尽其才也。先生此言,合孔、孟而一之,其有功于圣道最大。……其一,谓圣门弟子不可轻议,诸贤一月皆至于仁,一日皆至于仁,每学之而愧未能。后儒乃曰或月一至仁,由犹曰矣;或曰一至仁,曰皆至于仁,则但时至刻至矣。……后儒乃动诋宰我、樊迟、季路、冉求、子（转下页）

望《颜氏学记》公开表彰颜学后,颜学便成为一种时髦。如谭献读了《颜氏学记》后也表现对颜学浓厚的兴趣,认为:"习斋先生命世大儒,遗书散佚,子高所辑亦多空论。窃意先生当日于六艺行习实迹,必有次第规制。当日考订必阔疏,若得大凡而近代疏通证明之言以裨益之,岂非不朽之盛事乎! 惜乎其不传也。"(《复堂日记》卷一)缪荃荪说:"明季群奉王学,杨园起而宗朱。互相讥诋,均托空言。不若颜、李,折衷六艺,躬行实践,为名世之英,得用世之道。"(《艺风堂文漫存》卷二)又如陈虬认为:"颜氏届今又二百余年矣,时移势易,风气日开,车书之盛,实有为古先知所不及者。具若通其益廓而大之,其于圣学也几矣。"(《治平通议》卷八《书颜氏学记后》)

晚清学界的尊颜,有一个显著的特点,即他们都是崇奉《公羊春秋》的今文经学者。如谭献学崇《公羊春秋》,有志于探求微言大义,而戴望则更自言治学途径唯以公羊家法为主,走的是刘逢禄、宋翔凤研究今文经学的路数。他们是在复古的形式下,以古经的微言大义来阐述经世致用之道。虽然颜学与今文经学绝然不同,但在批评宋明理学与提倡经世致用这一点上,两者却有相同的见解。也正因此,他们视颜学为清代今文经学的先导。如戴望指出:"保定为颜习斋、李刚主之乡,此二公在国初论首与宋儒异趣。刚主与毗陵恽皋闻

（接上页）贡、子张、游、夏诸子,而欲升周、程与颜、曾接席,是自视贤于孟子矣。 盖圣门弟子以就业为本,唯在实学、实习、实用之天下,而后儒侈言性天,薄事功,故其视诸贤甚卑也。"详见拙作《略论晚清学术界的尊颜与反颜之争》,载《河北学刊》1997年第1期。

先生为莫逆交;庄侍郎之父兵备公讳杜最重皋闻学行,戒其群从必以皋闻为法。椎轮大路之始,则毗陵之学,其渊源实自颜、李。"(《能静居师友翰札·致赵烈文》)恽皋闻即恽鹤生,江苏武进人,因钦佩颜元而自称私淑弟子。晚年南归,授徒讲学,被视为上承颜、李,下启常州今文经学派的乡贤前辈。这里不深论常州今文经学是否为颜李学说的变种,但戴望所提出的颜学与常州今文经学的学术传承关系,则证明戴望等人是站在今文经学的立场上表彰颜学的。

然而晚清学者表彰颜学,并非清初颜李学术的复原,而是有所扬弃和继承的。如戴望不赞成颜元的"封建"论,在一篇题为《顾职方郡县论驳议》的文章中,批评顾炎武"寓封建之意于郡县之中"的观点是缺乏对历代政体变化的了解,并进一步提出"井田坏而封建之制不可行,郡县分而世守之官不可设"。他对"封建""郡县"同加贬抑,与其说是批评顾炎武,还不如说是否定颜元的社会理想。所以戴望在编撰《颜氏学记》时,便作了符合个人意愿的删改。如《存治编》删去了其中《王道》《井田》《治赋》《八阵图说》《学校》《封建》《宫刑》等章,又在《存学编·明亲》删去"张子教人以礼而期行井田,虽未举用而其志可尚矣"等语。又如谭献认为:"今日言六艺,当别白:六书、九数,绝学大明;射、御二事,不切世用;礼乐尊严,有粗有精,宏纲细目,固君相师儒所有事矣。"(《复堂日记》卷四)不过,晚清学者都一致推崇颜学的习行经济思想。谭献称"李刚主承颜氏学,不事空言心性,以六艺三物为教,近世之巨儒,文亦精悍有正色",缪荃荪认为颜元"尝言尧、舜之道在六府三事，周公教士以三物，孔子以四教，非主静、专诵读，流为禅宗俗学者所可托，于是著《存学》《存治》《存性》《存人》四编立教，名其居曰习斋"（《国史儒林传·叙录上》）。因此他们尊奉颜元为"百世之师"，有功于圣道，实际上也就确认颜学为孔门真传。

与晚清戴望等今文经学者的尊颜形成鲜明对比的是，以朱一新、叶德辉、程仲威等为代表的宋学者却对颜学进行了不遗余力的驳斥。朱一新说："颜习斋以宋儒为空虚无用，而欲以六府、三事、六德、六行、六艺矫之；动称水火工虞，兵农礼乐，聆其名甚美，按其实则皆非也。"（《佩弦斋杂存》卷上《答某生》）程仲威则说："国初有颜元者，阳托《周礼》乡三物之说以立教，而阴祖王氏学以诋宋儒，其心术至不可问。幸其老死牖下，未获出而祸斯民。而近有戴望者取其说及其流派之书，合刻为《颜学十记》以售世，学者不知而误入焉。"（《颜学辨·叙言》）这表明他们之所以认为颜元是正统理学的蠹虫，是危害清王朝的蟊贼，其目的不外乎与今文经学争夺学术正统地位。然而耐人寻味的是，正当他们视颜学为异端而大加鞭笞的同时，却有意识地汲取了其论敌的思想。朱一新曾批评颜元以"古学"来反对程朱理学，虽然立言甚高，但遇到实际问题，不免与世扞格而难以践行。认为"道"与"艺"不同，"道"是事物的原理，是不能有所变动的；而"艺"则为具体的典章制度，由于世异时移，时代不同，也应随时代的变化以适应当时的实际需要。然而颜元在理解"三事三物"中片面地张扬"六艺"，而"六艺"中又特别强调礼乐兵农，这不免将"实用"取代"实学",以"理"为"事",最终流于泥古不化。朱一新认为"古之真儒,无不为世用",提出"经济之学皆在四部,而读四部之书,又皆需权以义理。经济归史学,特举其多且重记之,实者则古来大经济有外于六经者乎? 经济不本于义理,或粗疏而不可行。义理不征诸经济,亦空谈而无所用"(《无邪堂答问》卷四)。"经济"一词,本是晚清学者习用的一个概念,它指经世济民,治理国家。而朱一新所谓"经济",专指政治、经济、军事等领域里的知识。他认为"今之所谓经济者,兵、刑、河、漕诸大端,因革损益具有成书,愈近愈切实用。兵法为学问中至精之事,亦儒生分内之事"(同上)。朱一新的这一思想特点,虽然渊源于清初学者的经世精神,如他盛赞黄宗羲、顾炎武是"其才皆足以用世"就是证明。但从他将"兵"列于诸端之首,并认为它是学问中最精之事与儒生分内之事来看,意味着在他经世观念的形成过程中,同样暗取了颜元的思想。王源曾指出:"先生(颜元)初学未几,即学兵法,此所以远迈宋儒,直追三代经世之实学也。"(《颜习斋先生年谱》卷上)将颜元的经世之学不加区别地归纳为"兵法",未免以偏概全。然而联系朱一新首重军事以及他赞赏"习斋于射与数,略有所得"的论述,显然与颜元的经世精神有着内在的逻辑联系。

然而无论是戴望等人的尊颜,抑或朱一新等人的反颜,它都显示了颜学在晚清的复活,并直接导致了近代对颜学的改造和重铸。

存 性 编

序^①

　　三代以上不言性而性存，宋明以后日言性而性亡。世之学者畴则知其然欤？《书》言民性，诰后之绥猷也，《诗》咏秉彝，美山甫也，皆偶举之，不以立教。孔子承唐、虞、三代道统，性天不可得闻。孟子时，言者焚如，不得已直指性善，群议始一。荀、杨、韩、李而下，言性之家复纷，而最众于宋世。教人以性为先，而分义理之性、气质之性为二。其意以为推明道原而后道可正也，而不知帝王、孔孟之教法，至是而变矣。返观静坐，使佛氏心性幻谈得与吾儒浸乱，且以气质为有恶，使庸人得以自诿，而牟利渔色弑夺之极祸，皆将谓由性而发。自宋末以迄今日，儒者承之，议论纷出，半信半疑于其际。然则圣人之教法，岂可以轻变欤？今去孔孟二千年，而习斋颜先生出，才甚大，思甚睿，志卓而守严，远于程朱、陆王，近于江村、夏峰，无不究极其学，乃豁然独见孔孟遗绪，作《三存编》。首以"存性"，谓理即气之理，气

---

① 底本无此序，据康熙年间刻本补入。

即理之气,清浊厚薄,纯驳偏全,万有不齐,总归一善,其恶者引弊习染耳。因列七图以明之,于是孟子言性善之旨始著。教人践形,以为存养,勿躐言性天。于是佛氏寂守心性,以形气为六贼之异言,始无所乱。嗟乎,性之不明久矣!得先生辞而辩之,而孟子之言性存,而唐、虞、三代,孔门寓心性于政教,而不轻语人以性者,亦存而究之。性之体用,本自如是,必如是为言,即如是为功,而并不事夫言而后吾之性存,天下之性俱存,谓非二千年后卓然特起,以明圣道者欤?塨从游久,颇于提命余,窥其领要。一日命塨作序,曰:"子知吾言性之意,可以序矣;子知吾不欲言性之意,可以序矣。"是编也,本之天地,衷之圣贤,为天下万世虑,先生不得已之苦心,盖三致意焉。若天下万世之人得已而不已,是将以性与天道为游谈之薮,聚讼之具也,而岂圣教之所许也哉。

　　康熙戊辰冬月,蠡吾门人李塨书于陃阳馆舍。

卷　一

驳气质性恶

　　程子云："论性论气，二之则不是。"又曰："有自幼而善，有自幼而恶，是气禀有然也。"朱子曰："才有天命，便有气质，不能相离。"而又曰："既是此理，如何恶？所谓恶者，气也。"可惜二先生之高明，隐为佛氏六贼之说浸乱，一口两舌而不自觉！若谓气恶，则理亦恶，若谓理善，则气亦善。盖气即理之气，理即气之理，乌得谓理纯一善而气质偏有恶哉？

　　譬之目矣：眶、䪾、睛，气质也；其中光明能见物者，性也。将谓光明之理专视正色，眶、䪾、睛乃视邪色乎？余谓光明之理固是天命，眶、䪾、睛皆是天命，更不必分何者是天命之性，何者是气质之性；只宜言天命人以目之性，光明能视即目之性善，其视之也则情之善，其视之详略远近则才之强弱，皆不可以恶言。盖详且远者固善，即略且近亦第善不精耳，恶于何加？惟因有邪色引动，障蔽其明，然后有淫视而恶始名焉。然其为之引动者，性之咎乎，气质之咎乎？若归咎于气质，是必无此目而后可全目之性矣,非释氏六贼之说而何?

孔、孟性旨湮没至此,是以妄为七图以明之。非好辩也,不得已也。

明　明　德

朱子原亦识性,但为佛氏所染,为世人恶习所混。若无程、张气质之论,当必求"性情才"及"引蔽习染"七字之分界,而性情才之皆善,与后日恶之所从来判然矣。惟先儒既开此论,遂以恶归之气质而求变化之,岂不思气质即二气四德所结聚者,乌得谓之恶?其恶者,引蔽习染也。惟如孔门求仁,孟子存心养性,则明吾性之善,而耳目口鼻皆奉令而尽职。

故《大学》之道曰"明明德",《尚书》赞尧,首曰"钦明",舜曰"濬哲",文曰"克明",《中庸》曰"尊德性",既尊且明,则无所不照。譬之居高肆望,指挥大众,当恻隐者即恻隐,当羞恶者即羞恶,仁不足以恃者即以义济之,义不足以恃者即以仁济之。或用三德并济一德,或行一德兼成四德,当视即视,当听即听,不当即否。使气质皆如其天则之正,一切邪色淫声自不得引蔽,又何习于恶、染于恶之足患乎?是吾性以尊明而得其中正也。

六行乃吾性设施,六艺乃吾性材具,九容乃吾性发现,九德乃吾性成就;制礼作乐,燮理阴阳,裁成天地,乃吾性舒张,万物咸若,地平天成,太和宇宙,乃吾性结果。故谓变化气质为养性之效则可, 如德润身, 睟面盎背, 施于四体之类是也; 谓变化气质之恶以复性则不可, 以其问罪于兵而责染于丝也。知此, 则宋儒之言性气皆不亲切。

惟吾友张石卿曰:"性即是气质之性, 尧、舜气质即有尧、舜之性, 呆呆气质即有呆呆之性, 而究不可谓性有恶。"其言甚是。但又云"傻人决不能为尧、舜", 则诬矣。吾未得与之辨明而石卿物故, 深可惜也!

棉 桃 喻 性

诸儒多以水喻性, 以土喻气, 以浊喻恶, 将天地予人至尊至贵至有用之气质, 反似为性之累者然。不知若无气质, 理将安附? 且去此气质, 则性反为两间无作用之虚理矣。

孟子一生苦心, 见人即言性善, 言性善必取才情故迹一一指示, 而直指曰:"形色, 天性也, 惟圣人然后可以践形。"明乎人不能作圣, 皆负此形也, 人至圣人乃充满此形也; 此形非他, 气质之谓也。以作圣之具而谓其有恶, 人必将贱恶吾气质, 程、朱敬身之训, 又谁肯信而行之乎?

因思一喻曰, 天道浑沦, 譬之棉桃: 壳包棉, 阴阳也; 四瓣, 元、亨、利、贞也; 轧、弹、纺、织, 二气四德流行以化生万物也; 成布而裁之为衣, 生人也; 领、袖、襟裾, 四肢、五官、百骸也, 性之气质也。领可护项, 袖可藏手, 襟裾可蔽前后, 即目能视、耳能听、子能孝、臣能忠之属也, 其情其才, 皆此物此事, 岂有他哉? 不得谓棉桃中四瓣是棉, 轧、弹、纺、织是棉, 而至制成衣衫即非棉也；又不得谓正幅、直缝是棉，斜幅、旁杀即非棉也。如是，则气质与性，是一是二？而可谓性本善，气质偏有恶乎？

然则恶何以生也？则如衣之著尘触污，人见其失本色而厌观也，命之曰污衣，其实乃外染所成。有成衣即被污者，有久而后污者，有染一二分污者，有三四分以至什百全污不可知其本色者；仅只须烦捆涤浣以去其染著之尘污已耳，而乃谓洗去其襟裾也，岂理也哉？是则不特成衣不可谓之污，虽极垢敝亦不可谓衣本有污。但外染有浅深，则捆浣有难易，若百倍其功，纵积秽可以复洁，如莫为之力，即蝇点不能复素。则《大学》明德之道，日新之功，可不急讲欤？

借 水 喻 性

程、朱因孟子尝借水喻性，故亦借水喻者甚多；但主意不同，所以将孟子语皆费牵合来就己说。今即就水明之，则有目者可共见，有心者可共解矣。

程子云："清浊虽不同，然不可以浊者不为水。"此非正以善恶虽不同，然不可以恶者不为性乎？非正以恶为气质之性乎？请问，浊是水之气质否？吾恐澄澈渊湛者，水之气质，其浊之者，乃杂入水性本无之土，正犹吾言性之有引蔽习染也。其浊之有远近多少，正犹引蔽习染之有轻重浅深也。若谓浊是水之气质，则浊水有气质，清水无气质矣，如之何其可也？

性 理 评

朱子曰：孟子道性善，性字重，善字轻，非对言也。

此语可诧！"性善"二字如何分轻重？谁说是对言？若必分轻重，则孟子时人竞言性，但不知性善耳。孟子道之之意，似更重善字。

朱子述伊川曰：形既生矣，外物触其形而动于中矣。其中动而七情出，曰喜、怒、哀、惧、爱、恶、欲，情既炽而益荡，其性凿矣。

"情既炽"句，是归罪于情矣，非。王子曰：程子之言似不非，炽便是恶。予曰：孝子之情浓，忠臣之情盛，炽亦何恶？贤者又感于庄周矣。

又曰：动字与《中庸》发字无异，而其是非真妄，特决于有节与无节、中节与无中节之间耳。

以不中节为非亦可，但以为恶妄则不可。彼忠臣义士，不中节者岂少哉？

朱子曰"人生而静，天之性"，未尝不善；"感物而动，性之欲"，此亦未尝不善。至于"物至知诱，然后好恶形焉。好恶无节于内，知诱于外，不能反躬，天理灭矣"，方是恶。故圣贤说得恶字煞迟。

此段精确，句句不紊层次。吾之七图，亦适以发明朱子之意云尔。而乃他处多乱，何也？以此知朱子识诣之高，而未免惑于他人之见耳。按朱子此段，是因《乐记》语而释之。可见汉儒见道，犹胜宋儒。

又述韩子所以为性者五，而今之言性者皆杂佛、老而言之。

先生辈亦杂佛、老矣！

张南轩答人曰：程子之言，谓："人生而静以上更不容说，才说性时便已不是性。"继之曰："凡人说性，只是说继之者善也。"

玩程子云"凡人说性，只是说继之者善也"，盖以《易》"继善"句作已落人身言，谓落人身便不是性耳。夫"性"字从"生心"，正指人生以后而言。若"人生而静"以上，则天道矣，何以谓之性哉？

朱子曰：人之性论明暗，物之性只是偏塞。

人亦有偏塞，如天哑、天阉是也；物亦有明暗，如沐猴可教之戏、鹦鹉可教之言是也。

程子曰：韩退之说叔向之母闻扬食我之生，知其必灭宗，此无足怪，其始便禀得恶气，便有灭宗之理，所以闻其声而知之也。使其能学以胜其气，复其性，可无此患。

噫！楚越椒始生而知其必灭若敖，晋扬食我始生而知其必灭羊舌，是后世言性恶者以为明证者也，亦言气质之恶者以为定案者也。试问二子方生，其心欲弑父与君乎？欲乱伦败类乎？吾知其不然也。子文、向母不过察声容之不平而知其气禀之甚偏，他日易于为恶耳。今即气禀偏而即命之曰"恶"，是指刀而坐以杀人也，庸知刀之能利用杀贼乎？程子云："使其能学以胜其气，复其性，可无此患。"可为善论，而惜乎不知气无恶也！

朱子曰：气有不存而理却常在。又曰：有是气则有是理，无是气则无此理。

后言不且以己矛刺己盾乎？

孔、孟言性之异，略而论之，则夫子杂乎气质而言之，孟子乃专言其性之理。杂乎气质而言之，故不曰"同"而曰"近"。盖以为不能无善恶之殊，但未至如所习之远耳。

愚谓识得孔、孟言性原不异，方可与言性。孟子明言"为不善非才之罪"，"非天之降才尔殊"，"乃若其情则可以为

善”，又曰"形色，天性也"，何尝专言理？况曰性善，谓圣凡之
性同是善耳，亦未尝谓全无差等。观言"人皆可以为尧、舜"，
将生安、学利、困勉无不在内，非言当前皆与尧、舜同也。宋儒
强命之曰"孟子专以理言"，冤矣！孔子曰："性相近也，习相
远也。"此二语乃自罕言中偶一言之，遂为千古言性之准。性
之相近如真金，轻重多寡虽不同，其为金俱相若也。惟其有
差等，故不曰"同"；惟其同一善，故曰"近"。将天下圣贤、豪
杰、常人不一之恣性，皆于"性相近"一言包括，故曰"人皆可
以为尧、舜"；将世人引蔽习染、好色好货以至弑君弑父无穷
之罪恶，皆于"习相远"一句定案，故曰"非才之罪也"，"非天
之降材尔殊也"，孔、孟之旨一也。昔太甲颠覆典刑，如程、朱
作阿衡，必将曰"此气质之恶"；而伊尹则曰"兹乃不义，习与
性成"。大约孔、孟而前，责之习，使人去其所本无；程、朱以
后，责之气，使人憎其所本有；是以人多以气质自诿，竟有"山
河易改，本性难移"之谚矣，其误世岂浅哉？

　　此理皆圣贤所罕言者，而近世大儒如河南程先生、横渠张
先生尝发明之，其说甚详。

以圣贤所罕言而谆谆言之，至于何年习数，何年习礼，何
年学乐，周、孔日与天下共见者而反后之，便是禅宗。

　　邵浩问曰："赵书记尝问浩：'如何是性？'浩对以伊川云：
'孟子言性善是极本穷原之性，孔子言性相近是气质之性。'

赵云：'安得有两样？只有《中庸》说天命之谓性自分明。'"
曰："公当初不曾问他，'既谓之善，固无两般；才说相近，须有
两样。'"

善哉书记！认性真确，朱子不如大舜舍己从人矣。殊不
思夫子言相近，正谓善相近也；若有恶，则如黑白、冰炭，何近
之有？

孟子言性只说得本然底，论才亦然。荀、扬、韩诸人虽是
论性，其实只说得气。

不本然，便不是性。

问："气质之说起自何人？"曰："此起于程、张。某以为极
有功于圣门，有补于后学。"

程、张隐为佛氏所惑，又不解恶人所从来之故，遂杜撰气
质一说，诬吾心性。而乃谓有功圣门，有补来学，误甚！

程子曰：善恶皆天理。谓之恶者，本非恶，但或过或不及
便如此。盖天下无性外之物，本皆善而流于恶耳！

玩"本非恶，但或过或不及便如此"语，则程子本意亦未
尝谓气质之性有恶，凡其所谓善恶者，犹言偏全、纯驳、清浊、

厚薄焉耳，但不宜轻出一恶字，驯至有"气质恶为吾性害"之说，立言可不慎乎？"流于恶"，"流"字有病，是将谓源善而流恶，或上流善而下流恶矣。不知源善者流亦善，上流无恶者下流亦无恶，其所为恶者，乃是他途岐路别有点染。譬如水出泉，若皆行石路，虽自西海达于东海，毫不加浊，其有浊者，乃亏土染之，不可谓水本清而流浊也。知浊者为土所染，非水之气质，则知恶者是外物染乎性，非人之气质矣。

> 问："'善固性也'固是，若云'恶亦不可不谓之性'，则此理本善，因气而鹘突；虽是鹘突，然亦是性也。"曰："他原头处都是善，因气偏，这性便偏了；然此处亦是性。如人浑身都是恻隐而无羞恶，都羞恶而无恻隐，这个便是恶的。这个唤做性耶不是？如墨子之心本是恻隐，孟子推其弊到得无父处，这个便是'恶亦不可不谓之性'也。"

此段朱子极力刻画气质之恶，明乎此则气质之有恶昭然矣，大明乎此则气质之无恶昭然矣。夫"气偏性便偏"一言，是程、朱气质性恶本旨也。吾意偏于何物？下文乃曰："如人浑身都是恻隐而无羞恶，都羞恶而无恻隐，这便是恶。"呜呼！世岂有皆恻隐而无羞恶，皆羞恶而无恻隐之人耶？岂有皆恻隐而无羞恶，皆羞恶而无恻隐之性耶？不过偏胜者偏用事耳。今即有人偏胜之甚，一身皆是恻隐，非偏于仁之人乎？其人上焉而学以至之，则为圣也，当如伊尹；次焉而学不至，亦不失为屈原一流人；其下顽不知学，则轻者成一姑息好人，

重者成一贪溺昧罔之人。然其贪溺昧罔，亦必有外物引之，遂
为所蔽而僻焉，久之相习而成，遂莫辨其为后起、为本来，此好
色好货，大率偏于仁者为之也。若当其未有引蔽，未有习染，
而指其一身之恻隐曰，此是好色，此是好货，岂不诬乎？即有
人一身皆是羞恶，非偏于义之人乎？其人上焉而学以至之，则
为圣也，当如伯夷；次焉而学不至，亦不失为海瑞一流人；其
下顽不知学，则轻者成一傲岸绝物，重者成很毒残暴之恶人。
然其很毒残暴，亦必有外物引之，遂为所蔽而僻焉，久之相习
而成，遂莫辨其为后起、为本来，大率杀人戕物，皆偏于义者为
之也。若当其未有引蔽，未有习染，而指其一身之羞恶者曰，
此是杀人，此是戕物，岂不诬乎？墨子之心原偏于恻隐，遂指
其偏于恻隐者谓之无父，可乎？但彼不明其德，无晰义之功，
见此物亦引爱而出，见彼物亦引爱而出，久之相习，即成一兼
爱之性，其弊至视父母如路人，则恶矣；然亦习之至此，非其
孩提即如此也。即朱子亦不得不云"孟子推其弊至于无父"，
则下句不宜承之曰"恶亦不可不谓之性"也。

朱子曰：濂溪说："性者，刚、柔、善、恶、中而已矣。"濂溪
说性，只是此五者。他又自有说仁、义、礼、智底性时，若论气质
之性则不出此五者。然气禀底性便是那四端底性，非别有一种
性也。

既云"气禀之性即是四端之性，别无二性"，则恶字从何
加之？可云"恶之性即善之性"乎？盖周子之言善恶，或亦如

言偏全耳。然偏不可谓为恶也；偏亦命于天者也，杂亦命于天者也，恶乃成于习耳。如官然：正印固君命也，副贰独非君命乎？惟山寨僭伪非君命耳。如生物之本色然：五色兼全，且均匀而有条理者，固本色也；独黄独白非本色乎？即色有错杂独非本色乎？惟灰尘污泥薰渍点染非本色耳。今乃举副贰杂职与僭伪同诛，以偏色错彩与污染并厌，是惟正印为君命，纯美为本色，惟尧、舜、孔、孟为性善也，乌乎可？周子《太极图》，原本之道士陈希夷、禅僧寿涯，岂其论性亦从此误而诸儒遂皆宗之欤？

言若水之就下处，当时只是滚说了。盖水之就下，便是喻性之善，如孟子所谓"过颡""在山"，虽不是顺水之性，然不谓之水不得。这便是前面"恶亦不可不谓之性"之说。

竭尽心力，必说性有恶，何为？弑父弑君亦是人，然非人之性；"过颡""在山"亦是水，然非水之性。

水流至海而不污者，气禀清明，自幼而善，圣人性之而全其天者也。流未远而已浊者，气禀偏驳之甚，自幼而恶者也。流既远而方浊者，长而见异物而迁焉，失其赤子之心者也。浊有多少，气之昏明纯驳有浅深也。不可以浊者不为水，恶亦不可不谓之性也。

水流未远而浊，是水出泉即遇易亏之土，水全无与也，水亦无如何也。人之自幼而恶,是本身气质偏驳,易于引蔽习染,人与有责也,人可自力也。如何可伦？人家墙卑,易于招盗,墙诚有咎也,但责墙曰"汝即盗也",受乎哉？

因言:旧时人尝装惠山泉去京师,或时臭了。京师人会洗水,将沙石在筧中,上面倾水,从筧中下去。如此十数番,便渐如故。

此正洗水之习染,非洗水之气质也。

而今讲学用心著力,都是用这气去寻个道理。

然则气又有用如此,而谓其有恶乎？

或问:"'形而后有气质之性',其所以有善恶之不同,何也?"勉斋黄氏曰:"气有偏正,则所受之理随而偏正;气有昏明,则所受之理随而昏明。木之气盛则金之气衰,故仁常多而义常少;金之气盛则木之气衰,故义常多而仁常少。若此者,气质之性有善恶也。"

是以偏为恶矣。则伯夷之偏清,柳下惠之偏和,亦谓之恶乎？

愚尝质之先师。答曰:"未发之前,气不用事,所以有善而无恶。"至哉此言也！

　　未发之前可羡如此，则已发可憎矣，宜乎佛氏之打坐入定，空却一切也！黄氏之言，不愈背诞乎？

　　　　气有清浊，譬如著些物蔽了，发不出。如柔弱之人见义不为，为义之意却在里面，只是发不出。如灯火使纸罩了，光依旧在里面，只是发不出来，拆去了纸，便自是光。

　　此纸原是罩灯火者，欲灯火明必拆去纸。气质则不然。气质拘此性，即从此气质明此性，还用此气质发用此性，何为拆去？且何以拆去？拆而去之，又不止孟子之所谓戕贼人矣！

　　　　以人心言之，未发则无不善，已发则善恶形焉。然原其所以为恶者，亦自此理而发，非是别有个恶，与理不相干也。若别有个恶与理不相干，却是有性外之物也。

　　以未发为无不善，已发则善恶形，是谓未出土时纯是麦，既成苗时即成麻与麦，有是理乎？至谓所以为恶亦自此理而发，是诬吾人气质，并诬吾人性理，其初尚近韩子"三品"之论，至此竟同荀氏"性恶"、扬氏"善恶混"矣。

　　　　北溪陈氏曰：自孟子不说到气禀，所以荀子便以性为恶，扬子便以性为善恶混，韩文公又以为性有三品，都只是说得气。近世东坡苏氏又以为性未有善恶，五峰胡氏又以为性无善恶，都只含糊云云。至程子，于本性之外又发出气质一段，方见得善恶所从来。又曰：万世而下，学者只得按他说，更不可改易。

程、张于众论无统之时，独出"气质之性"一论，使荀、扬以来诸家所言皆有所依归，而世人无穷之恶皆有所归咎，是以其徒如空谷闻音，欣然著论垂世；而天下之为善者愈阻，曰："我非无志也，但气质原不如圣贤耳。"天下之为恶者愈不惩，曰："我非乐为恶也，但气质无如何耳。"且从其说者，至出辞悖戾而不之觉，如陈氏称"程子于本性之外发出气禀一段"，噫！气禀乃非本来者乎？本来之外乃别有性乎？又曰"方见得善恶所从来"，恶既从气禀来，则指渔色者气禀之性也，黩货者气禀之性也，弑父弑君者气禀之性也，将所谓引蔽、习染，反置之不问，是不但纵贼杀良，几于释盗寇而囚吾兄弟子侄矣，异哉！

　　潜室陈氏曰：识气质之性，善恶方各有著落。不然，则恶从何处生？孟子专言义理之性，则恶无所归，是"论性不论气不备"。孟子之说为未备。

观告子或人三说，是孟子时已有荀、扬、韩、张、程、朱诸说矣，但未明言"气质"二字耳。其未明言者，非其心思不及，乃去圣人之世未远，见习礼，习乐，习射，习书、数，非礼勿视听言动，皆以气质用力，即此为存心，即此为养性，故曰"志至焉，气次焉",故曰"持其志无暴其气",故曰"养吾浩然之气",故曰"惟圣人然后可以践形"。当时儒者视气质甚重,故虽异说纷纷,已有隐坏吾气质以诬吾性之意,然终不敢直诬气质以有恶也。魏、晋以来,佛、老肆行,乃于形体之外别状一空虚幻觉之性灵,礼乐之外别作一闭目静坐之存养。佛者曰"入定",儒者曰吾道亦有"入定"也;老者曰"内丹",儒者曰吾道亦有"内丹"也。借《四子》《五经》之文,行《楞严》《参同》之事,以躬习其事为粗迹,则自以气骨血肉为分外,于是始以性命为精,形体为累,乃敢以有恶加之气质,相衍而莫觉其非矣。贤如朱子,而有"气质为吾性害"之语,他何说乎!噫!孟子于百说纷纷之中,明性善及才情之善,有功万世。今乃以大贤谆谆然罢口敝舌,从诸妄说辩出者,复以一言而诬之曰,孟子之说原不明不备,原不曾折倒告子。噫!孟子果不明乎,果未备乎?何其自是所见,妄议圣贤而不知其非也!

　　问:"目视耳听,此气质之性也。然视之所以明,听之所以聪,抑气质之性耶,抑义理之性耶?"曰:"目视耳听,物也;视明听聪,物之则也。来问可施于物则,不可施于言性。若言性,当云好色好声,气质之性;正色正声,义理之性。"

《诗》云:"天生烝民,有物有则;民之秉彝,好是懿德。"孔子曰:"为此诗者,其知道乎!有物必有则;民之秉彝也,故好是彝德。"详《诗》与子言,物则非性而何?况朱子解物则,

亦云"如有父子则有孝慈,有耳目则有聪明之类",非谓孝慈
即父子之性,聪明即耳目之性乎?今陈氏乃云"来问可施于
物则,不可施于言性",是谓物则非性矣。又云"若言性,当云
好色好声,气质之性;正色正声,义理之性",是物则非义理之
性,并非气质之性矣。则何者为物之则乎?大约宋儒认性,大
端既差,不惟证之以孔、孟之旨不合,即以其说互参之,亦自相
矛盾、各相抵牾者多矣。如此之类,当时皆能欺人,且以自欺。
盖空谈易于藏丑,是以舍古人六府、六艺之学而高谈性命也。
予与友人法乾王子初为程、朱之学,谈性天似无龃龉,一旦从
事于归除法已多艰误,况礼乐之精繁乎?昔人云:"画鬼容易
画马难。"正可喻此。

> 临川吴氏曰:孟子道性善,是就气质中挑出其本然之理
> 而言,然不曾分别性之所以有不善者,因气质之有浊恶而污坏
> 其性也。故虽与告子言而终不足以解告子之惑,至今人读《孟
> 子》,亦见其未有以折倒告子而使之心服也。

孟子时虽无气质之说,必有言才不善、情不善者,故孟子
曰:"若夫为不善,非才之罪也。""非天之降才尔殊也。""人见
其禽兽也,以为未尝有才焉者,是岂人之情也哉?"凡孟子言
才情之善,即所以言气质之善也。归恶于才、情、气质,是孟
子所深恶,是孟子所呕辩也。宋儒所自恃以为备于孟子、密
于孟子,发前圣所未发者,不知其蹈告子二或人之故智,为孟
子所词而辟之者也,顾反谓孟子有未备,无分晓;然犹时有回

护语,未敢遽处孟子上。至于元儒,则公然肆口以为程、朱言"未备",指孟子之言性而言也;言"不明",指荀、扬世俗之论性者言也;是夷孟子于荀、扬、世俗矣。明言气质浊恶,污吾性,坏吾性。不知耳目、口鼻、手足、五脏、六腑、筋骨、血肉、毛发俱秀且备者,人之质也,虽蠢,犹异于物也;呼吸充周荣润,运用乎五官百骸粹且灵者,人之气也,虽蠢,犹异于物也;故曰"人为万物之灵",故曰"人皆可以为尧、舜"。其灵而能为者,即气质也。非气质无以为性,非气质无以见性也。今乃以本来之气质而恶之,其势不并本来之性而恶之不已也。以作圣之气质而视为污性、坏性、害性之物,明是禅家六贼之说,其势不混儒、释而一之不已也。能不为此惧乎?是以当此普地狂澜泛滥东奔之时,不度势,不量力,驾一叶之舟而欲挽其流,多见其危也,然而不容已也。观至"虽与告子言,终不足以解告子之惑,至今读《孟子》,亦见其未有以折倒告子而使之心服",叹曰,吴临川何其似吾童时之见也!吾十余岁读《孟子》至《义内》章,见敬叔敬弟之说,犹之敬兄酌乡人也,公都子何据而遽燎然不复问乎?饮汤饮水之喻,犹之敬叔敬弟也,孟季子何见而遂怃然不复辩乎?至后从"长之者义乎"句悟出,则见句句是义内矣。今观《孟子》辩性诸章,皆据人情物理指示,何其痛快明白!告子性甚执,不服必更辩,今既无言,是已折倒也。吴氏乃见为不足解惑,见为未折倒告子,是其见即告子之见,而识又出告子下矣。

　　朱子曰:孟子终是未备,所以不能杜绝荀、扬之口。

　　程、朱，志为学者也；即所见异于孟子，亦当虚心以思：
何为孟子之见如彼？或者我未之至乎？更研求告子、荀、
扬之所以非与孟子之所以是，自当得之。乃竟取诸说统之
为气质之性，别孟子为本来之性，自以为新发之秘，兼全之
识，反视孟子为偏而未备，是何也？去圣远而六艺之学不明
也。孟子如明月出于黄昏，太阳之光未远，专望孔子为的，
意见不以用，曲学邪说不以杂。程、朱则如末旬之半夜，偶
一明色睒烁之星出，一时暗星既不足比光，而去日月又远，
即俨然太阳，而明月亦不知尊矣。又，古者学从六艺入，其
中涵濡性情，历练经济，不得躐等，力之所至，见斯至焉。故
聪明如端木子，犹以孔子为多学而识，直待垂老学深，方得
闻性道，一闻夫子以颜子比之，爽然自失，盖因此学好大骛
荒不得也。后世诵读、训诂、主静、致良知之学，极易于身在
家庭，目遍天下，想象之久，以虚为实，遂侈然成一家言而
不知其误也。

　　　　吴氏曰：程子"性即理也"云云，张子云"形而后有气质
　　之性"云云，此言最分晓。而观者不能解其言，反为所惑，将谓
　　性有两种。盖天命之性，气质之性，两"性"字只是一般，非有
　　两等性也。

　　程、张原知二之则不是，但为诸子、释氏、世俗所乱，遂
至言性有二矣。既云"天地之性浑是一善，气质之性有善有
恶"，非两种性而何？可云恶即理乎？

　　问："子罕言命,若仁、义、礼、智、信五常,皆是天所命。如贵贱、死生、寿夭之命有不同,如何?"曰："都是天所命。禀得精英之气,便为圣、为贤,便是得理之全,得理之正;禀得清明者曰英爽,禀得敦厚者曰温和;禀得清高者便贵,禀得丰厚者便富,禀得长久者便寿;禀得衰颓、薄污天命无污,当作"浊"。者便为愚、不肖,为贫,为贱,为夭。天有那气生一个人出来,便有许多物随他来。天之所命固是均一,而气禀便有不齐,只看其禀得来如何耳。"

此段甚醇,愚第三图大意正仿此。

　　三代而上,气数醇浓,气清者必厚,必长,故圣贤皆贵,且富,且寿;以下反是。

愚谓有回转气运法。惟行选举之典,则清者自高自厚矣。

　　程子曰:性无不善,其所以不善者,才也。受于天之谓性,禀于气之谓才。才之善不善,由气之有偏正也。

罪气因罪才,故曰孟子时人言才情不善即气质之说。程、张气质之性,即告子二或人之见也。

　　告子所云固是,为孟子问他,他说便不是也。

愚谓程、朱即告子之说,犹属遥度之语。兹程子竟明许告

子所言是,且曰"为孟子问他,他说便不是",似憾告子辞不达意者。不知诸先生正不幸不遇孟子问,故不自知其不是也。

> 朱子曰:性者心之理,情者心之动,才便是那情之会恁地者。情与才绝相近,但情是遇物而发,路陌曲折,恁的去底;才是有气力去做底。要之,千头万绪,皆是从心上来。

此段确真。乃有"才情恶,气质恶,程子密于孟子"之语,何也?

> 伊川所谓才,与孟子说才小异,而语意尤密,不可不考。

伊川明言"其不善乃是才也",与孟子之说如冰炭之异性,燕、越之异辕矣,尚得谓之小异乎?

> 气质之性,古人虽不曾与人说,考之经典,却有此意。如《书》云"人惟万物之灵","亶聪明作元后",与夫"天乃锡王智勇"之说,皆此意也。孔子说"性相近也,习相远也",孟子辩告子"生之谓性",亦是说气质之性。

"气质之性"四字,未为不是,所差者,谓性无恶,气质偏有恶耳。兹所引经传乃正言气质之性善者,何尝如程、张之说哉?朱子既惑于其说,遂视经传皆是彼意矣。若仆曲为援引,较此更似:"道心惟微",义理之性也;"人心惟危",气质之性也;"命也,有性焉",义理之性也;"性也,有命焉",气质之性也;然究不可谓之有恶。

　　问:"天理人欲同体异用之说如何?"曰:"当然之理,人合恁地底便是体,故仁、义、礼、知为体。如五峰之说,则仁与不仁,礼与不礼,智与不智,皆是性。如此,则性乃一个大人欲窠子,其说乃与东坡、子由相似,是大凿脱,非小失也。"

以气质之性为有善有恶,非仁与不仁、礼与不礼皆性乎?非说性是一大私欲窠子乎? 朱子之言,乃所以自驳也。

卷　二

性　图

　　窃谓宋儒皆未得孟子性善宗旨,故先绘朱子图于前,而绘愚妄七图于后,以请正于高明长者。

朱子性图

性善　（性无不善。）

恶　（恶不可谓从善中直下来,只是不能善,则偏于一端而为恶。）

善　（发而中节,无性不善。）

　　右图解云:"发而中节,无性不善。"窃谓虽发而不中节,亦不可谓有性不善也,此言外之弊也。"恶"字下云"恶不可谓从善中直下来",此语得之矣。则"恶"字不可与"善"字相比为图,此显然之失也。又云"只是不能善",此三字甚惑,果指何者不能为善也? 上只有一性,若以性不能为善,则诬性也；若谓才或情不能为善，则诬才与情也；抑言别有所为而不能为善，则不明也。承此，云"则偏于一边而为恶"，但不知是指性否？若指性则大非。"性善"二字，更无脱离。盖性之未发，善也；虽性之已发，而中节与不中节皆善也；谓之有恶，又诬性之甚也。然则朱子何以图也？反复展玩，乃晓然见其意，盖明天命之性与气质之性之别，故上二字注之曰"性无不善"，谓其所言天命之性也；下二字"善""恶"并列，谓其所言气质之性也。噫！气质非天所命乎？抑天命人以性善，又命人以气质恶，有此二命乎？然则程、张诸儒气质之性愈分析，孔、孟之性旨愈晦蒙矣。此所以敢妄议其不妥也。

妄见图凡七

仆自颇知学来，读宋先儒书，以为诸先正真尧、舜、孔、孟也。故于《通书》称其为《二论》后仅见之文；尊周子为圣人，又谓得《太极图》则一以贯之；大程子似颜子；于《小学》称朱子为圣人；于《家礼》尊如神明，曰如有用我者，举此而措之；盖全不觉其于三代以前之学有毫厘之差也。惟至康熙戊申，不幸大故，一一式遵文公《家礼》，罔敢陨越；身历之际，微觉有违于性情者，哀毁中亦不能辨也。及读《记》中丧礼，始知其多错误。卒哭，王子法乾来吊，谓之曰："信乎，非圣人不可制作，非圣人亦不可删定也！朱子之修礼，犹属僭也。"盖始知其非圣人也。至练后，哀稍（编者注：稍原作相）杀，又病，不能纯哀思，不若于哀不至时略观书，于是检《性理》一册，至朱子《性图》，反复不能解。久之，猛思朱子盖为气质之性而图也,猛思尧、舜、禹、汤以及周、孔诸圣皆未尝言气质之性有恶也,猛思孟子性善、才情皆可为善之论,诚可以建天地,质鬼神,考前王,俟百世,而诸儒不能及也。乃为妄见图凡七,以申明孟子本意,此则其总图也。

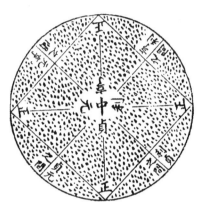

浑天地间二气四德化生万物之图

大圈,天道统体也。上帝主宰其中,不可以图也。左阳也,右阴也,合之则阴阳无间也。阴阳流行而为四德,元、亨、利、贞也。四德,先儒即分春、夏、秋、冬,《论语》所谓"四时行"也。横竖正画,四德正气正理之达也;四角斜画,四德间气间理之达也。交斜之画,象交通也;满面小点,象万物之化生也;莫不交通,莫不化生也,无非是气是理也。知理气融为一片,则知阴阳二气,天道之良能也;元、亨、利、贞四德,阴阳二气之良能也;化生万物,元、亨、利、贞四德之良能也。知天道之二气,二气之四德,四德之生万物莫非良能,则可以观此图矣。万物之性,此理之赋也;万物之气质,此气之凝也。正者此理此气也,间者亦此理此气也,交杂者莫非此理此气也;高明者此理此气也,卑暗者亦此理此气也,清厚者此理此气也,浊薄者亦此理此气也,长短、偏全、通塞莫非此理此气也。至于人,则尤为万物之粹,所谓"得天地之中以生"者也。二气四德者,未凝结之人也;人者,已凝结之二气四德也。存之为仁、义、礼、智,谓之性者,以在内之元、亨、利、贞名之也;发之为恻隐、羞恶、辞让、是非,谓之情者,以及物之元、亨、利、贞言之也;才者,性之为情者也,是元、亨、利、贞之力也。谓情有恶,是谓已发之元、亨、利、贞,非未发之元、亨、利、贞也。谓才有恶,是谓蓄者元、亨、利、贞,能作者非元、亨、利、贞也;谓气质有恶,是元、亨、利、贞之理谓之天道,元、亨、利、贞之气不谓之天道也。噫!天下有无理之气乎?有无气之理乎?有二气四德外之理气乎?恶其发者,是即恶其存之渐也;恶其力者,是即恶其本之渐也;恶其气者,是即恶其理之渐也。何也?人之性,即天之道也。以性为有恶,则必以天道为有恶矣;以情为有恶,则必以元、亨、利、贞为有恶矣;以才为有恶,则必以天道流行乾乾不息者亦有恶矣;其势不尽取三才而毁灭之不已也。

呜呼!汉、魏以来,异端昌炽,如洪水滔天,吾圣人之道如病蚕吐丝,迫于五季而倍微。当此时,而以惑于异端者诬圣曰"圣人之言性本如是也",必诸先正之所不忍;天道昭布现前如此,圣经贤传指示亲切如此,而必以惑于世俗者诬天曰"天生人之气质,本有恶也",亦必诸先正之所不敢。其为此论,特如时谚所云"习俗移人,贤者不免"耳。是图也,正就程、张、朱发明精确者一推衍之,非敢谓于先儒之见有加也,特不

杂于荀、扬、佛、老而已矣；正即气质之性一订释之，非谓无气质之性也，特不杂以引蔽习染而已矣。意之不能尽者，仍详说于各图下。无非欲人共见乎天道之无他，人性之本善，使古圣贤性习之原旨昭然复明于世，则人知为丝毫之恶，皆自点其光莹之本体，极神圣之善，始自践其固有之形骸；而异端重性轻形因而灭绝伦纪之说，自不得以惑人心，喜静恶动因而废弃六艺之妄，自不得以芜正道。诸先正之英灵，必深喜其偶误顿洗而大快乎！圣道重光，仆或幸可以告无罪矣。其辞不副意，未足阐天人之秘，或反汩性理者，庸陋亦不敢自保其无也，愿长者其赐教焉！

阴阳流行而为四德。顺者，如春德与夏德，顺也；逆者，如春德与秋德，逆也。交者，二德合或三四合也；通者，自一德达一德，或中达正、间，正、间达中，正达间，间达正，正、正达、间、间达之类也。错者，阴阳、刚柔彼此相对也；综者，阴阳、刚柔上下相穿也。熏者，如香之熏物，居此及彼，以虚洽实，不必形接而臭至之也；氤者，如氤食，如天地纲缊，下渐上也，一发而普遍也。变者，化也，有而无也，无而有也，或德相变，或正、间、斜相变也，如田鼠化鴽，雀化为蛤之变也；易者，神也，往来也，更代也，治也，阳乘阴，阴承阳也。感者，遥应也，如感月光，感苍龙，感流星之类是也；触者，邂逅也，不期遇也，如一流复遇一流，舟行遇山，火发遇雨，云集遇风之类是也。聚者，理气结也，一德聚，或二三四德共聚也；散者，散其聚也。舒者，缕长直去也；卷者，回其舒。十六者，四德之变也。德惟四而其变十六，十六之变不可胜穷焉。

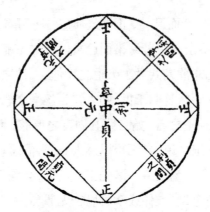

二气四德顺逆交通错综熏烝
变易感触聚散卷舒以化生万物之图
（以下三图，即就总图中摘出论之）

为运不息也，止有常也，照临、薄食也，灿列、流陨、进退、隐见也，吹嘘、震荡也，高下、平陂、土石、毛枯也，会分、燥湿、流止也，稚老、雕菑、材灰也，飞、潜、蠕、植，不可纪之状也。至于人，清浊、厚薄、长短、高下，或有所清，有所浊，有时厚，有时薄，大长小长，大短小短，时高时下，参差无尽之变，皆四德之妙所为也。世固有妖氛瘴疠，亦因人物有所激感而成，如人性之有引蔽习染，而非其本然也。

或谓既已感激而成妖瘴，则禀是气而生者即为恶气恶质。不知虽极污秽，及其生物，仍返其元，犹是纯洁精粹二气四德之人，不即污秽也。如粪中生五谷瓜蔬，俱成佳品，断不臭恶。秽朽生芝，鲧、瞍全圣，此其彰明较著者也。

四德之理气，分合交感而生万物。其禀乎四德之中者，则其性质调和，有大中之中，有正之中，有间之中，有斜之中，有

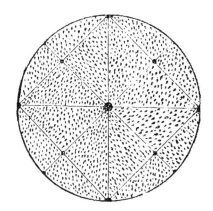

万物化生于二气四德中边直屈方圆冲僻齐锐离合
远近违遇大小厚薄清浊强弱高下长短疾迟全缺之图

中之中。其禀乎四德之边者,则其性质偏僻,有中之边,有正
之边,有间之边,斜之边,边之边。其禀乎四德之直者,则性质
端果,有中之直,正之直,间之直,斜之直,直之直。其禀乎四
德之屈者,则性质曲折,有中之屈,有正之屈,间之屈,斜之屈,
屈之屈。其禀乎四德之方者,则性质板棱,有中之方,正之方,
间之方,有斜之方,方之方。其禀乎圆者,则性质通便,有中之
圆,正之圆,间之圆,斜之圆,圆之圆。其禀乎四德之冲者,则
性质繁华,有中之冲,有正之冲,有间之冲,有斜之冲,有冲之
冲。其禀乎僻者,则其性质闲静,有中之僻,正之僻,间之僻,
有斜之僻,有僻之僻。其禀乎四德之齐者性质渐钝,禀乎四德
之锐者性质尖巧,亦有中、正、间、斜之分焉。禀乎四德之离者
性质孤疏,禀乎四德之合者性质亲密,亦有中、正、间、斜之分
焉。禀乎四德之远者则性质奔驰,禀乎四德之近者则性质拘

谨,亦有中、正、间、斜之分焉。其禀乎违者性质乖左,禀乎遇者性质凑济,亦有中、正、间、斜之分焉。禀乎大者性质广阔,禀乎小者性气狭隘,亦有中、正、间、斜之分焉。至于得其厚者敦庞,得其薄者硗瘠,得其清者聪明,得其浊者愚蠢,得其强者壮往,得其弱者退诿,得其高者尊贵,得其下者卑贱,得其长者寿固,得其短者夭折,得其疾者早速,得其迟者晚滞,得其全者充满,得其缺者破败,亦莫不有中、正、间、斜之别焉。此三十二类者,又十六变之变也,三十二类之变,又不可胜穷焉。然而不可胜穷者,不外于三十二类也,三十二类不外于十六变也,十六变不外四德也,四德不外于二气,二气不外于天道也;举不得以恶言也。昆虫、草木、蛇蝎、豺狼,皆此天道之理之气所为,而不可以恶言,况所称受天地之中、得天地之粹者乎?

　　既有万物图,复摘绘其一隅者,全图意有所不能尽,复即一隅以尽其曲折也。此上黑点,亦象万物,姑以人之性质言之。如中角半大点,理气会其大中,四德全体,无不可通,而元亨为尤盛。得其理气以生人,则恻隐辞让多;或里元而表亨,则中惠貌庄之人也;或里亨而表元,则中严貌顺之人也。然以得中也,四德无不可通也,则有为圣人者焉,有为贤人者焉,有为士者焉;以通元亨之间,去利贞之济远也,则亦有为常人者焉;皆行生之自然,不可齐也。仁之胜者,圣如伊尹,贤如颜子,士如黄宪,常人如里巷中温厚之人;礼之胜者,圣如周公,贤如子华,士如樊英,常人如里巷矜持之人。南边一大点,则偏亨用事,礼胜可知也。准中之礼盛例,而达乎元者颇难,达乎利贞者尤难。然而可通乎中以及乎贞，可边通乎元利，可斜通乎利亨之交，可边通乎亨利之间，而因应乎元贞之间，可边通乎亨元之间；而因应乎贞利之间，可斜通乎亨元之交。故虽礼胜而四德皆通，无不可为樊英、子华、周公也。东边一大点，则偏元用事，仁胜可知也。准中之仁胜例，而达乎亨者难，达乎贞利者更难。然而可通乎中以及于利，可边通乎贞亨，可斜通乎贞元之交，可边通乎元贞之间，而因应乎利亨之间，可边通乎元亨之间；而亦因应乎利贞之间，可斜通乎元亨之交。故虽仁胜而四德皆通，亦无不可为叔度、颜子、伊尹也。东南隅一大点，元亨之间也，然直通元亨之斜以达于中，而与贞利之间为正应，虽间，而用力为之，亦无不可为黄、樊、颜、西、伊、周也。隅中一大点，居元亨斜间之交，而似中非中。然斜中达于大中而通及贞利，虽间斜，而用力为之，亦无不可为黄、樊、颜、西、伊、周也。其隅中若干小点，或大、或小、或方、或圆、或齐、或锐、或疏、或密、或冲、或僻、或近中、或近正、或近间、或近斜、或近元、或近亨，盖亦莫不以一德或二德，总含四德之气理而寓一中，所谓"人得

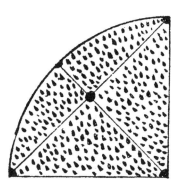

单绘一隅即元亨以见意之图

天地之中以生"也。是故通、塞、正、曲，虽各有不同，而盈宇宙无异气，无异理。苟勉力为之，而勿刻以行其恻隐，不傲以行其恭敬，亦无不可为黄、樊、颜，西、伊、周也。故曰"人皆可以为尧、舜"，而全体从可知矣。

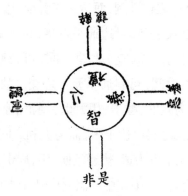

孟子性情才皆善之图

圈，心也；仁、义、礼、智，性也；心一理而统此四者，非块然有四件也。既非块然四件，何由而名为仁、义、礼、智也？以发之者知之也，则恻隐、羞恶、辞让、是非也。发者情也，能发而见于事者才也；则非情、才无以见性，非气质无所为情、才，即无所为性。是情非他，即性之见也；才非他，即性之能也；气质非他，即性、情、才之气质；一理而异其名。若谓性善而才、情有恶，譬则苗矣，是谓种麻而秸实遂杂麦也；性善而气质有恶，譬则树矣，是谓内之神理属柳而外之枝干乃为槐也。自有天地以来，有是理乎？后儒之言性也，以天道、人性搀而言之；后儒之认才、情、气质也，以才、情、气质与引蔽习染者杂而言之。以天道搀人性，未甚害乎性；以引蔽习染杂才、情、气质，则大诬乎才、情、气质矣。此无他，认接树作本树也。呜呼！此岂树之情也哉？

中浑然一性善也。见当爱之物而情之恻隐能直及之，是性之仁；其能恻隐以及物者，才也。见当断之物而羞恶能直及之，是性之义；其能羞恶以及物者，才也。见当敬之物而辞让能直及之，是性之礼；其能辞让以及物者，才也。见当辨之物而是非能直及之，是性之智；其能是非以及物者，才也。不惟圣贤与道为一，虽常人率性，亦皆如此，更无恶之可言，故孟子曰"性善"，"乃若其情，可以为善"，"若为不善，非才之罪也"。

及世味纷乘，贞邪不一，惟圣人禀有全德，大中至正，顺应而不失其则。下此者，财色诱于外，引而之左，则蔽其当爱而不见，爱其所不当爱，而贪营之刚恶出焉；私小据于己，引而之右，则蔽其当爱而不见，爱其所不当爱，而鄙吝之柔恶出焉；以至羞恶被引而为侮夺、残忍，辞让被引而为伪饰、谄媚，是非被引而为奸雄、小巧，种种之恶所从来也。然种种之恶，非其不学之能、不虑之知，必且进退龃龉，本体时见，不纯为贪营、鄙吝诸恶也，犹未与财色等相习而染也。斯时也，惟贤士豪杰，禀有大力，或自性觉悟，或师友提撕，知过而善反其天。又下此者，赋禀偏驳，引之既易而反之甚难，引愈频而蔽愈远，习渐久而染渐深，以至染成贪营、鄙吝之性之情，而本来之仁不可知矣，染成侮夺、残忍之性之情，而本来之义不可知矣，染成伪饰、谄媚之性之情与奸雄、小巧之性之情，而本来之礼、智俱不可知矣。

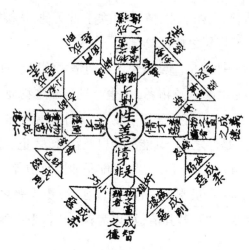

孟子性情才皆善为不善非才之罪图

　　呜呼！祸始引蔽，成于习染，以耳目、口鼻、四肢、百骸可为圣人之身，竟呼之曰禽兽；犹币帛素色，而既污之后，遂呼之曰赤帛黑帛也，而岂其材之本然哉？然人为万物之灵，又非币帛所可伦也。币帛既染，虽故质尚在而骤不能复素；人则极凶大憝，本体自在，止视反不反、力不力之间耳。尝言盗蹠，天下之极恶矣，年至八十，染之至深矣，倪乍见孺子入井，亦必有怵惕恻隐之心，但习染重者不易反也。蠡一吏妇，淫奢无度，已逾四旬，疑其习性成矣；丁亥城破，产失归田，朴素勤俭，一如农家。乃知系蹠囹圄数年，而出之孔子之堂，又数年亦可复善。吾故曰，不惟有生之初不可谓气质有恶，即习染凶极之余亦不可谓气质有恶也，此孟子夜气之论所以有功于天下后世也。程、朱未识此意，而甚快夜气之说，则亦依稀之见而已矣！

　　吾之论引蔽习染也,姑以仁之一端观之。性之未发则仁,既发则恻隐顺其自然而出。父母则爱之,次有兄弟,又次有夫妻、子孙则爱之,又次有宗族、戚党、乡里、朋友则爱之。其爱兄弟、夫妻、子孙,视父母有别矣;爱宗族、戚党、乡里,视兄弟、夫妻、子孙又有别矣;至于爱百姓又别,爱鸟兽、草木又别矣。此乃天地间自然有此伦类,自然有此仁,自然有此差等,不由人造作,不由人意见。推之义、礼、智,无不皆然,故曰"浑天地间一性善也",故曰"无性外之物也"。但气质偏驳者易流,见妻子可爱,反以爱父母者爱之,父母反不爱焉;见鸟兽、草木可爱,反以爱人者爱之,人反不爱焉;是谓贪营、鄙吝。以至贪所爱而弑父弑君,吝所爱而杀身丧国,皆非其爱之罪,误爱之罪也。又不特不仁而已也;至于爱不获宜而为不义,爱无节文而为无礼,爱昏其明而为不智,皆一误为之也,固非仁之罪也,亦岂恻隐之罪哉? 使笃爱于父母,则爱妻子非恶也;使笃爱于人,则爱物非恶也。如火烹炮,水滋润,刀杀贼,何咎? 或火灼人,水溺人,刀杀人,非火、水、刀之罪也,亦非其热、寒、利之罪也;手持他人物,足行不正涂,非手足之罪也,亦非持行之罪也;耳听邪声,目视邪色,非耳目之罪也,亦非视听之罪也;皆误也,皆误用其情也。误始恶,不误不恶也;引蔽始误,不引蔽不误也;习染始终误,不习染不终误也。去其引蔽习染者,则犹是爱之情也,犹是爱之才也,犹是用爱之人之气质也;而恻其所当恻,隐其所当隐,仁之性复矣;义、礼、智犹是也。故曰"率性之谓道"也,故曰"道不远人"也。程、朱惟见性善不真,反以气质为有恶而求变化之,是"戕贼

因引蔽习染一端错误之图

人以为仁义","远人则为道"矣。

　　然则气质偏驳者，欲使私欲不能引染，如之何？惟在明明德而已。存养省察，磨励乎《诗》《书》之中，涵濡乎礼乐之场，周、孔教人之成法固在也。自治以此，治人即以此。使天下相习于善，而预远其引蔽习染，所谓"以人治人"也。若静坐闭眼，但可供精神短浅者一时之葆摄；训诂著述，亦止许承接秦火者一时之补苴。如谓此为主敬，此为致知，此为有功民物，仆则不敢为诸先正党也。故曰"欲粗之于周、孔之道者，大管小管也；欲精之于周、孔之道者，大佛小佛也"。

　　又如仁之胜者，爱用事，其事亦有别矣。如士、庶人、卿、大夫、诸侯、天子之爱亲，见诸《孝经》者，仁之中也。有大夫而奉亲如士庶者不及，士庶如大夫之奉亲者过，而未失乎发之之正也。吾故曰，不中节亦非恶也。惟堂有父母而怀甘旨入私室，则恶矣；若甘旨进父母，何恶？室有妻媵而辱恩情于匪配,则恶矣;若恩情施妻媵,何恶?故吾尝言,竹节或多或少皆善也,惟节外生蛀乃恶也。然竹之生蛀,能自主哉?人则明德明而引蔽自不乘,故曰:"先立乎其大者,则其小者不能夺也。"全体者为全体之圣贤,偏胜者为偏至之圣贤,下至椿、津之友恭,牛宏之宽恕,皆不可谓非一节之圣。宋儒乃以偏为恶,不知偏不引蔽,偏亦善也,未可以引蔽之偏诬偏也。木火一隅图中,仁胜之说可玩也。

或疑仁胜而无义,则泛滥失宜,将爱父母如路人,对盗贼而歙歠,岂不成其不宜之恶乎?仁胜而无礼,则节文不敷,将养父母同犬马,逾东家搂处子,岂不成其不检之恶乎?仁胜而不智,则可否无辨,将从井救人,莫知子恶,岂不成其迷惑之恶乎?予以为此必不知性者之言也。夫性,则必如吾前仁之一端之说,断无天生之仁而有视父母如路人诸恶者。盖本性之仁必寓有义、礼、智,四德不相离也,但不尽如圣人之全,相济如携耳。试观天下虽甚和厚人,不能无所羞恶,无所辞让,无所是非,但不如圣人之大中,相济适当耳。其有爱父母同路人,对盗贼而歙歠等恶者,必其有所引蔽习染,而非赤子之仁也;礼、义、智犹是也。熟阅《孟子》而尽其意,细观赤子而得其情,则孔、孟之性旨明,而心性非精,气质非粗;不惟气质非吾性之累害,而且舍气质无以存养心性,则吾所谓三事、六府、六德、六行、六艺之学是也,是明明德之学也,即谓为变化气质之功,亦无不可。有志者倘实以是为学为教,斯孔门之博文约礼,孟子之存心养性,乃再见于今日,而吾儒有学术,天下有治平,异端净扫,复睹三代乾坤矣!

图　跋

嗟乎！性不可以言传也，而可以图写乎？虽果见孔、孟所谓性，且不可言传图写，而况下愚不足闻性道如仆者乎？但偶尔一线悟机，似有仿佛乎方寸者，此或仆一人之所谓性，尚非孔、孟所谓性，未可知也；况仆所见尚有不能图尽者乎！语云，理之不可见者，言以明之；言之不能尽者，图以示之；图之不能画者，意以会之。吾愿观者寻其旨于图间，会其意于图外，假之以宣自心之性灵，因之以察仆心之愚见，庶不至以佛氏六贼之说诬吾才、情、气质，或因此而实见孔、孟之所谓性，亦未可知也。若指某圈曰此性也，某画曰此情也，某点曰此气质也，某形势曰此性、情、才质之皆善无恶也，则胶柱鼓瑟，而于七图无往不扞格背戾，且于仆所谓一线者而不可得，又安望由此以得孔、孟所谓性乎！恐此图之为性害，更有甚于宋儒之说者矣。

虽然，即使天下后世果各出其心意以会乎仆一线之意，遂因以见乎孔、孟之意，犹非区区苦心之所望也。仆所望者，明乎孔、孟之性道，而荀、扬、周、程、张、朱、释、老之性道可以不言也，明乎孔、孟之不欲言性道，而孔、孟之性道亦可以不言也，而性道始可明矣。

或曰：孔子罕言矣；孟子动言性善，何言乎不欲言也？曰：有告子二或人之性道，孟子不得已而言性善也，犹今日有荀、扬、佛、老、程、张之性道，吾不得已而言才、情、气质之善也。试观答告子诸人，但取足以折其词而止，初未尝言性善所由然之故,犹孔子之罕言也。宋人不解,而反讥其不备,误矣!

或曰:吾儒不言性道,将何以体性道,尽性道?余曰:吾儒日言性道而天下不闻也,日体性道而天下相安也,日尽性道而天下相忘也。惟言乎性道之作用,则六德、六行、六艺也;惟体乎性道之功力,则习行乎六德、六行、六艺也;惟各究乎性道之事业,则在下者师若弟,在上者君臣及民,无不相化乎德与行艺,而此外无学教,无成平也。如上天不言而时行物生,而圣人体天立教之意著矣,性情之本然见,气质之能事毕矣,而吾之七图亦可以焚矣。故是编后次之以《存学》《存治》云。

附录同人语

上谷石卿张氏曰:性即是气质底性,尧、舜底气质便有尧、舜底性,呆呆底气质便有呆呆的性,而究不可谓性恶。

又曰:人性无二,不可从宋儒分天地之性、气质之性。

先生赐教,在未著《存性》前。惜当时方执程、朱之见,与之反复辩难。及丧中悟性,始思先生言性真确,期服阕入郡相质,而先生竟捐馆矣!呜呼,安得复如先生者而与之言性哉!

督亢介祺王氏曰:气质即是这身子。不成孩提之童性善,身子偏有不善。

又曰:天生人来,浑脱是个善。

又曰:气质、天命,分二不得。

书　后

　　孟子曰性善，即鲁《论》之"性相近"也，言本善也。晏子曰"汩俗移质，习染移性"，即鲁《论》之"习相远"也，言恶所由起也。后儒不解，忽曰气质有恶，而性乱矣，圣贤之言背矣。先生辞而辩之，功岂在禹下哉？特先生《性图》，入"太极""五行"诸说，则于后儒误论，当时尚有未尽洒者。塨后质先生曰："周子《太极图》，真元品道家图也。'《易》有太极两仪'，指揲蓍言，非谓太极为一物，而生天地万物也。五行为六府之五，乃流行于世以为民物用者，故箕子论鲧罪曰'汩陈其五行'，非谓五行握自帝天而能生人生物也。生克乃邹衍以后方家粃说，圣经无有。"先生曰："然，吾将更之。"及先生卒后，披其编，则更者十七而未及卒业，于是承先生意，而澌洗之如右。

　　康熙乙酉三月上浣，蠡吾门人李塨书。

存 学 编

序　一

予幼读《四书》,惟知解字离句。稍长,略晓涂鸦,随肆力于诗文。及弱冠,虽潜心经史,亦惟博览强记是图,忽忽焉若以为为学之道遂在是者。

乙丑岁,晤李子刚主,语子曰:"子知读书,未知为学。夫读书,非学也。今之读书者,止以明虚理、记空言为尚,精神因之而亏耗,岁月因之以消磨,至持身涉世则盲然。曾古圣之学而若此?古人之学,礼、乐、兵、农,可以修身,可以致用,经世济民,皆在于斯,是所谓学也。书,取以考究乎此而已,专以诵读为务者,非学也,且以害学。"予幡然大呼,如醉而醒,如梦而觉。

李子复言:"此学乃尧、舜、周、孔正传,至后而晦。今倡而明之者,始自习斋颜先生。其议详载于所著《存学编》,可观也。"予心志之,屏去浮文,遂十余年矣。

今岁丙子,李子至都,出是编以示予。予读之,且叹且喜。以举世之沈溺诵读而不知返,而予得以屏去浮文而不坠迷途,其得力于习斋先生,岂浅鲜哉!虽然,学者,实学也;是编所以明实学耳,犹空言也。吾党若不尽力实学,而徒沾沾抱是编以为得,吾恐浮文之士,且起而笑其同浴讥裸也。

康熙丙子,一之日,北平后学郭金城拜撰。

序　二^①

客岁戊辰冬，习斋先生过埭陌阳寓里，指所著《存学编》曰："学明，性、治俱明矣，子为我订而序之。"受命订讫，乃拜手而序曰：

古之学一，而今之学梦；古之学实，而今之学虚；古之学有用，而今之学无用。今古不相及，何其甚也！古之为学也，明德亲民，止至善，为学之之道；六德、六行、六艺，为学之之物；八岁就小学，学小艺，履小节，束发就大学，学大艺，履大节，为学之之序；春秋礼乐，冬夏诗书，为学之之时。治己则祥，治人则当，施之四海国家，天地位而万物育，人多成材，而宇内治隆，有此术也。自秦火而后，训诂于汉唐，帖括于宋明，徒守遗经以为道，古圣教人成法，鲜过而问者；加之佛老乘间而起，以清净虚无乱圣人之心性；诗文辞之辈，又假托文章以自鸣。儒者不能以全体大用廓清其间，从而为其所杂。程、朱、陆、王皆志欲继往开来，而支离近禅，互相讥诃，古学亦皆

不能复。岂责人则明,自知则暗与? 抑世运日趋于耗,而实学衰亡,贤者亦不能自主与? 先生生宋明后,忽焉于二千年坠绪,一旦直指源流。尝谓孔子删订、孟子论性,为大不得已。力求遗学,以习行为主,冠、昏、丧、祭,必遵古制,率弟者,不惟存之空言,而且存之实事。呜呼,二千年坠绪,划然复举,孰倡而孰使之耶? 昔孟子陈学校遗法于周末,韩愈犹以为制度灭亡,空言无补。况今去圣益远,学者分骛于旁途曲径,视古人教学成法如盘古大敦,莫可究诘。先生独起而矫抗,足以一身之力任之,诚见见其孤且危而岌岌焉,难也。然而天下之事,极则必返,今之虚学无用亦已极矣,岂其不返矣乎? 天心其能无意于世也乎? 尧、舜、周、孔之灵肯漠然已乎? 吾以知先生之生之非徒然也,其将自此学明,而士奋求实体、行实用,复古道以正今失,而上以是教,下以是学,天下皆学中人矣;参赞位育,皆学中事矣。学何如? 其大而所关者,何如其钜耶? 吾以知先生之所著非徒然也。许酉山先生尝谓塨曰邵尧夫三千年图,以幹枝配易卦,每九百六十年,甲子遇乾,大道以昌。向甲子遇乾矣,数若可信也,殆必在斯欤? 殆必在斯欤?

　　康熙岁在己巳春月,蠡吾门人李塨顿首拜识。

卷　一

由　道

圣人学、教、治，皆一致也。"民可使由之，不可使知之"，是孔子明言千圣百王持世成法，守之则易简而有功，失之徒繁难而寡效。故罕言命，自处也；性道不可得闻，教人也；立法鲁民歌怨，为治也。他如《予欲无言》《无行不与》《莫我知》诸章，何莫非此意哉？当时及门皆望孔子以言，孔子惟率之以下学而上达，非吝也，学、教之成法固如是也。

道不可以言传也，言传者有先于言者也，颜、曾守此不失。子思时，异端将盛，或亦逆知天地气薄，自此将不生孔子其人，势必失性、学、治本旨，不得已而作《中庸》，直指性天，已近太泻。故孟子承之，教人必以规矩，引而不发，断不为拙工改废绳墨。《离娄方员》《深造》诸章，尤于先王成法致意焉。至宋而程、朱出，乃动谈性命，相推发先儒所未发。以仆观之，何曾出《中庸》分毫？但见支离分裂，参杂于释、老，徒令异端轻视吾道耳。若是者何也？以程、朱失尧、舜以来学、教之成法也。

何不观精一之旨,惟尧、禹得闻,天下所可见者,命九官、十二牧所为而已。阴阳秘旨,文、周寄之于《易》;天下所可见者,王政、制礼、作乐而已。一贯之道,惟曾、赐得闻;及门与天下所可见者,《诗》《书》、六艺而已。乌得以天道性命尝举诸口而人人语之哉?

是以当日谈天论性,聪明者如打诨猜拳,愚浊者如捉风听梦,但仿佛口角,各自以为孔、颜复出矣。至于靖康之际,户比肩摩皆主敬习静之人,而朝陛疆场无片筹寸绩之士。朱子乃独具只眼,指其一二硕德,程子所许为后身者,曰"此皆禅也",而未知二程之所以教之者实近禅,故徒见其弊,无能易其辙。以致朱学之末流,犹之程学之末流矣;以致后世之程、朱,皆如程学、朱学之末流矣。长此不返,乾坤尚安赖哉?

或曰:佛氏托于明心见性,程、朱欲救人而摈之,不得不抉精奥以示人。余曰:噫!程子所见已稍浸入释氏分界,故称其"弥近理而大乱真"。若以不肖论之,只以《君子之道四》一节指示,虽释迦恶魁,亦当垂头下泪,并不必及性命以上也。然则如之何?曰:彼以其虚,我以其实。程、朱当远宗孔子,近师安定,以六德、六行、六艺及兵农、钱谷、水火、工虞之类教其门人,成就数十百通儒。朝廷大政,天下所不能办,吾门人皆办之;险重繁难,天下所不敢任,吾门人皆任之;吾道自尊显,释、老自消亡矣。

今彼以空言乱天下,吾亦以空言与之角,又不斩其根而反授之柄,我无以深服天下之心而鼓吾党之气,是以当日一出,徒以口舌致党祸;流而后世,全以章句误乾坤。上者只学先儒讲著,稍涉文义即欲承先启后;下者但问朝廷科甲,才能揣摩皆骛富贵利达。浮言之祸甚于焚坑,吾道何日再见其行哉?友人刁蒙吉翻孟子之言曰:"著之而不行焉,察矣而不习焉,终身知之而不由其道者,众也!"其所慨深矣!吾意上天仁爱,必将笃生圣哲,划荆棘,而兴尧、舜以来中庸之道,断不忍终此元会,直如此而已也!

总论诸儒讲学

仆妄谓性命之理不可讲也,虽讲,人亦不能听也,虽听,人亦不能醒也,虽醒,人亦不能行也。所可得而共讲之,共醒之,共行之者,性命之作用,如《诗》《书》、六艺而已。即《诗》《书》、六艺,亦非徒列坐讲听,要惟一讲即教习,习至难处来问,方再与讲。讲之功有限,习之功无已。孔子惟与其弟子今日习礼,明日习射。间有可与言性命者,亦因其自悟已深,方与言。盖性命,非可言传也。不特不讲而已也;虽有问,如子路问鬼神、生死,南宫适问禹、稷、羿、奡者,皆不与答。盖能理会者渠自理会,不能者虽讲亦无益。

自汉、唐诸儒传经讲诵,宋之周、程、张、朱、陆,遂群起角立,呕呕焉以讲学为事,至明,而薛、陈、王、冯因之,其一时发明吾道之功,可谓盛矣。其效使见知闻知者知尊慕孔、孟,善谈名理,不作恶,不奉释、老名号;即不肖如仆,亦沐泽中之一人矣。然世道之为叔季自若也,生民之不治自若也,礼乐之不兴自若也,异端之日昌而日炽自若也。以视夫孔子明道而乱臣贼子果惧，孟子明道而杨朱、墨翟果熄，何啻天渊之相悬也！

仆气魄小，志气卑，自揣在中人以下，不足与于斯道。惟愿主盟儒坛者，远溯孔、孟之功如彼，近察诸儒之效如此，而垂意于习之一字；使为学为教，用力于讲读者一二，加功于习行者八九，则生民幸甚，吾道幸甚！仆受诸儒生成覆载之恩，非敢入室操戈也。但以人之岁月精神有限，诵说中度一日，便习行中错一日；纸墨上多一分，便身世上少一分。试观朱子晚年悔枝叶之繁累，则礼乐未明，是在天者千古无穷之憾也。

明　亲

《大学》首四句，吾奉为古圣真传。所学无二理，亦无二事，只此仁义礼智之德，子臣弟友之行，《诗》《书》《礼》《乐》之文，以之修身则为明德，以之齐治则为亲民。明矣而未亲，亲矣而未止至善，吾不敢谓之道也；亲矣而未明，明矣而未止至善，吾亦不敢谓之道也。亲而未明者，即谓之亲，非《大学》之亲也；然既用其功于民，皆可曰亲。其亲而未明者，汉高帝与唐太宗之类也；其亲且明而未止至善者，汉之孝文、光武之流也。凡如此者，皆宋明以来儒者所共见，皆谓之非道者也。其明而未亲，明且亲而未止至善者，则儒者未之言也。非不肯言也，非不敢言也，尧、舜不作，孔、孟不生，人无从证其为道者。

一二聪明特杰者出，于道略有所见，粗有所行，遽自谓真孔、孟矣，一时共尊为孔、孟焉，嗣起者以为我苟得如先儒足矣。是以或学训解纂集，或学静坐读书，或学直捷顿悟，至所见所为，能仿佛于前人而不大殊，则将就冒认，人已皆以为大儒矣，可以承先启后矣。或独见歧异，恍惚道体，则辄称发先儒所未发，得孔、颜乐处矣。又孰知其非《大学》之道乎！此所以皆未之言也。天下人未之言，数百年以来之人未之言，吾独于程、朱、陆、王之外别有《大学》之道焉，岂不犯天下之恶，而受天下僇乎？然吾之所惧，有甚于此者，以为真学不明，则生民将永被毒祸，而终此天地不得被吾道之泽；异端永为鼎峙，而终此天地不能还三代之旧。是以冒死言之，望有志继开者之一转也。

夫明而未亲即谓之明，非《大学》之明；然既用其功于德，皆可曰明。其明而未亲者，庄周、陈抟之类也；其明且亲而未止至善者，周、程、朱、陆、薛、王之俦也。何也？吾道有三盛：君臣于尧、舜，父子于文、周，师弟于孔、孟。尧、舜之治，即其学也，教也，其精一执中，一二人秘受而已。百官所奉行，天下所被泽者，如其命九官、十二牧所为耳。禹之治水，非禹一身尽治天下之水，必天下士长于水学者分治之而禹总其成；伯夷之司礼，非伯夷一身尽治天下之礼，必天下士长于礼学者分司之而伯夷掌其成。推于九官、群牧咸若是，是以能平地成天也。文、周之治，亦即其学也，教也，其阴阳天人之旨，寄之于《易》而已。百官所奉行，天下所被泽者，如其治岐之政，制礼作乐耳。其进秀民而教之者，六德、六行、六艺仍本唐、虞敷教典乐之法，未之有改，是以太和宇宙也。孔、孟之学教,即其治也。孔子一贯性道之微,传之颜、曾、端木而已。作当身之学,与教及门士以待后人私淑者,庸言庸德、兵农礼乐耳,仍本诸唐、虞、成周之法,未之有改。故不惟期月、三年、五年、七年胸藏其具,而且小试于鲁,三月大治,暂师于滕,四方归之,单父、武城亦见分体,是以万世永遵也。

秦汉以降,则著述讲论之功多而实学实教之力少。宋儒惟胡子立经义、治事斋,虽分析已差而其事颇实矣;张子教人以礼而期行井田,虽未举用而其志可尚矣。至于周子得二程而教之,二程得杨、谢、游、尹诸人而教之,朱子得蔡、黄、陈、徐诸人而教之,以主敬致知为宗旨,以静坐读书为工夫,以讲论性命、天人为嗳受,以释经注传、纂集书史为事业。嗣之者若真西山、许鲁斋、薛敬轩、高梁溪,性地各有静功,皆能著书立言,为一世宗。信乎为儒者,煌煌大观,三代后所难得者矣!而问其学其教如命九官、十二牧之所为者乎?如《周礼》教民之礼明乐备者乎?如身教三千,今日习礼,明日习射,教人必以规矩,引而不发,不为拙工改废绳墨者乎?此所以自谓得孔子真传,天下后世亦皆以真传归之,而卒不能服陆、王之心者,原以表里精粗,全体大用,诚不能无歉也。

陆子分析义利,听者垂泣,先立其大,通体宇宙,见者无不竦动。王子以致良知为宗旨,以为善去恶为格物,无事则闭目静坐,遇事则知行合一。嗣之者若王心斋、罗念庵、鹿太常,皆自以为接孟子之传,而称直捷顿悟,当时后世亦皆以孟子目之。信乎其为儒中豪杰,三代后所罕见者矣!而问其学其教如命九官、十二牧之所为者乎?如《周礼》教民之礼明乐备者乎？如身教三千，今日习礼，明日习射，教人必以规矩，引而不发，不为拙工改废绳墨者乎？此所以自谓得孟子之传，与程、朱之学并行中国，而卒不能服朱、许、薛、高之心者，原以表里精粗，全体大用，诚不能无歉也。

他不具论，即如朱、陆两先生，倘有一人守孔子下学之成法，而身习夫礼、乐、射、御、书、数以及兵农、钱谷、水火、工虞之属而精之，凡弟子从游者，则令某也学礼，某也学乐，某也兵农，某也水火，某也兼数艺，某也尤精几艺，则及门皆通儒，进退周旋无非性命也，声音度数无非涵养也，政事文学同归也，人己事物一致也，所谓下学而上达也，合内外之道也。如此，不惟必有一人虚心以相下，而且君相必实得其用，天下必实被其泽，人才既兴，王道次举，异端可靖，太平可期。正《书》所谓府修事和，为吾儒致中和之实地，位育之功，出处皆得致者也；是谓明亲一理，《大学》之道也。以此言学，则与异端判若天渊而不可混，曲学望洋浩叹而不敢拟，清谈之士不得假鱼目之珠，文字之流不得逞春华之艳。惟其不出于此，故既卑汉、唐之训诂而复事训诂，斥佛、老之虚无而终蹈虚无，以致纸上之性天愈透而学陆者进支离之讥，非讥也，诚支离也；心头之觉悟愈捷而宗朱者供近禅之诮，非诮也，诚近禅也。

或曰：诸儒勿论，阳明破贼建功，可谓体用兼全，又何弊乎？余曰：不但阳明，朱门不有蔡氏言乐乎？朱子常平仓制与在朝风度，不皆有可观乎？但是天资高，随事就功，非全副力量，如周公、孔子专以是学，专以是教，专以是治也。或曰：新建当日韬略，何以知其不以为学教者？余曰：孔子尝言：

"二三子有志于礼者,其于赤乎学之。"如某可治赋,某可为宰,某达某艺,弟子身通六艺者七十二人,王门无此。且其擒宸濠,破桶冈,所共事者皆当时官吏、偏将、参谋,弟子皆不与焉。其《全书》所载,皆其门人旁观赞服之笔,则可知其非素以是立学教也。

是以感孙征君《知统录说》有"陆、王效诤论于紫阳"之语,而敢出狂愚,少抑后二千年周、程、朱、陆、薛、王诸先生之学,而伸前二千年尧、舜、禹、汤、文、武、周、孔、孟诸先圣之道,亦窃附效诤论之义;而愿持道统者,其深思熟计,而决复孔、孟以前之成法,勿执平生已成之见解而不肯舍,勿拘平日已高之门面而不肯降,以误天下后世,可也。

上征君孙钟元先生书

某发未燥,已闻容城孙先生名,然第知清节耳。弱冠前为俗学枉度岁月,懵懵不知道为何物。自顺治乙未,颇厌八股习,稍阅《通鉴》《性理》、诸儒语录,乃知世间有理学一脉。已亥在易水,得交高弟五修,乃又知先生不止以节著,连年来与高弟介祺尤属莫逆。德驾旋容时,已禀老亲,同王法乾裹装出门,将进叩,老亲复以涝后不谙路,恐遭杨子之悲阻之,逾年则闻复南矣。恭祝绫辞,蒙介翁不外,玷贱名其末。迨读先生《岁寒居文集》寄介翁札,不知过听何人之言而侪之郡贤列,见之不胜惶愧!今在天地间已三十有六,德不加修,学不加进,曾不得大君子一提指之,每一念及,恨不身飞共城旁!兹

先大母去世，服阕矣。幸大父犹康健，欲曲求俞允，今岁中一
炙道范，未审得遂否也。敝庠耿师，东郡人也，以告休南归，去
先生七十里，敢以便略吐愚衷于门下。

某静中猛思，宋儒发明气质之性，似不及孟子之言性善最
真。变化气质之恶，三代圣人全未道及。将天生一副作圣全
体，参杂以习染，谓之有恶，未免不使人去其本无而使人憎其
本有，蒙晦先圣尽性之旨而授世间无志人一口柄。又想周公、
孔子教人以礼、乐、射、御、书、数，故曰"以三物教万民而宾兴
之"，故曰"身通六艺者七十二人"。故性道不可闻，而某长治
赋，某长礼乐，某长足民，一如唐、虞之廷某农、某刑、某礼、某
乐之旧，未之有爽也。近世言学者，心性之外无余理，静敬之
外无余功。细考其气象，疑与孔门若不相似然。即有谈经济
者，亦不过说场话，著种书而已。

某不自揣，撰有《存性》《存学》二编，欲得先生一是之，
以挽天下之士习而复孔门之旧。以先生之德望卜之，当易如
反掌，则孟子不得专美于前矣。论今天下朱、陆两派互相争
辩，先生高见，平和劝解之不暇，岂可又增一争端也？但某殊
切杞人之忧，以为虽使朱学胜陆而独行于天下，或陆学胜朱而
独行于天下，或和解成功，朱、陆合一，同行于天下，则终此乾
坤亦只为当时两宋之世，终此儒运亦只如说话著书之道学而
已，岂不堪为圣道生民长叹息乎？粗陈一二，望先生静眼一
辨，及时发明前二千年之故道，以易后二千年之新辙，则斯道
幸甚，斯民幸甚！临楮南望，不胜想慕战惧交集之至！某再
拜言。

上太仓陆桴亭先生书

某闻气机消长否泰，天地有不能自主，理数使然也；方其消极而长，否极而泰，天地必生一人以主之，亦理数使然也。然粤稽孔、孟以前，天地所生以主此气机者，率皆实文、实行、实体、实用，卒为天地造实绩，而民以安，物以阜。虽不幸而君相之人竟为布衣，亦必终身尽力于文、行、体、用之实，断不敢以不尧、舜，不禹、皋者苟且于一时虚浮之局，高谈袖手，而委此气数，置此民物，听此天地于不可知也；亦必终身穷究于文、行、体、用之实，断不敢以惑异端、背先哲者肆口于百喙争鸣之日，著书立说，而误此气数，坏此民物，负此天地于不可为也。

自汉、晋泛滥于章句，不知章句所以传圣贤之道而非圣贤之道也；竞尚乎清谈，不知清谈所以阐圣贤之学而非圣贤之学也。因之虚浮日盛，而尧、舜三事、六府之道，周公、孔子六德、六行、六艺之学，所以实位天地，实育万物者，几不见于乾坤中矣。迨于佛、老昌炽，或取天地万物而尽空之，一归于寂灭，或取天地万物而尽无之，一归于升脱，莫谓日月、星辰、山川、草木、鸟兽、虫鱼、人伦、世故举为道外，并己身之耳、目、口、鼻、四肢皆视为累碍赘余矣，哀哉！倘于此有尧、舜、周、孔，固必回消为长，转否为泰矣。即不然，或如端、言、卜、仲、二冉之流，亦庶几衍道脉于不坠，续真宗于不差，而长泰终有日也。奈何赵氏运中，纷纷跻孔子庙庭者，皆修辑注解之士，犹然章句也；皆高坐讲论之人，犹然清谈也。甚至言孝、弟、忠、信如何教，气禀本有恶，其与老氏以礼义为忠信之薄，佛氏以耳、目、口、鼻为六贼者相去几何也！

故仆妄论宋儒，谓是集汉、晋、释、老之大成者则可，谓是尧、舜、周、孔之正派则不可。然宋儒，今之尧、舜、周、孔也。韩愈辟佛，几至杀身，况敢议今世之尧、舜、周、孔者乎！季友著书驳程、朱之说，发州决杖，况敢议及宋儒之学术、品诣者乎！此言一出，身命之虞所必至也。然惧一身之祸而不言，委气数于终误，置民物于终坏，听天地于终负，恐结舌安坐，不援沟渎，与强暴、横逆内人于沟渎者，其忍心害理不甚相远也。

某为此惧，著《存学》一编，申明尧、舜、周、孔三事、六府、六德、六行、六艺之道，大旨明道不在《诗》《书》章句，学不在颖悟诵读，而期如孔门博文、约礼，身实学之，身实之，终身不懈者。著《存性》一编，大旨明理、气俱是天道，性、形俱是天命，人之性命、气质虽各有差等，而俱是此善；气质正性命之作用，而不可谓有恶，其所谓恶者，乃由"引、蔽、习、染"四字为之祟也。期使人知为丝毫之恶，皆自玷其光莹之本体，极神圣之善，始自充其固有之形骸。

但孔、孟没后二千年无人道此理，而某独异，又惴惴焉恐涉偏私自是，诽谤先儒；将舍所见以苟就近世之学，而仰观三代圣贤又不如此。二念交郁，罔所取正。一日游祁，在故友刁文孝座，闻先生有佳录，复明孔子六艺之学，门人姜姓在州守幕实笃之，欢然如久旱之闻雷，甚渴之闻溪，恨不即沐甘霖而饮甘泉也。曲致三四，曾不得出。然亦幸三千里外有主张此学者矣，犹未知论性之相同也。既而刁翁出南方诸儒手书，有云："此间有桴亭者，才为有用之才，学为有用之学，但把气质许多驳恶杂入天命，说一般是善，其《性善图说》中有'人之性善正在气质，气质之外无性'等语，殊新奇骇人！"乃知先生不惟得孔、孟学宗，兼悟孔、孟性旨，已先得我心矣。当今之时，承儒道嫡派者，非先生其谁乎？所恨家贫亲老，不得操杖亲炙，进身门下之末。兹乘彭使之便，奉尺楮请教，祈以所著并高弟孰长礼、乐，孰长射、书，孰为体用兼优，不惜示下，使聋瞽之子得有所景仰尊奉。倘有寸进，真一时千载也！山河隔越，不能多寄，仅以《性》《学编》各一纸，《日记》第十卷中摘一页呈正，不胜南望恺切想慕之至！

学　辨　一

　　性亦须有辩，因吾友法乾王子一言，彻底无纤毫龃龉，莫有能发吾意者，遂有待。今《存学》之说，将偕吾党身习而实践之，易静坐用口耳之习，为手足频拮据之业，非《存性》空谈之比。虽贤者不能无顾惜故窠、惮于变革之意，幸相举辩难，不厌反复。予撮其大略如左，病中亦多遗脱，不能尽述也。

　　己酉十一月二十六日，予抱病，复患足疮，不能赴学，惟坐卧榻，誊《存学》稿。闻王子来会，乃强步至斋，出所誊以质王子。甫阅一叶，遽置之几，盛为多读书之辨。

　　予曰："人之精神无多，恐诵读消耗，无岁月作实功也。

倘礼乐娴习,但略阅经书数本,亦自足否?"王子曰:"诵读不多,出门不能引经据传,何以服人?"予曰:"尧、舜诸圣人所据何书?且经传,施行之证佐;全不施行,虽证佐纷纷,亦奚以为?今《存学》之意若行,无论朝廷、宗庙,即明伦堂上,亦将问孰娴周旋,孰谙丝竹,孰射贤,孰算胜,非犹是称章比句之乾坤矣。且吾侪自视虽陋,倘置身朝堂,但忧无措置耳,引经据传,非所忧也。"王子曰:"射御之类,有司事,不足学;须当如三公坐论。"予曰:"人皆三公,孰为有司?学,正是学作有司耳。辟之于医,《黄帝素问》《金匮》《玉函》,所以明医理也,而疗疾救世,则必诊脉、制药、针灸、摩砭为之力也。今有妄人者,止务览医书千百卷,熟读详说,以为予国手矣,视诊脉、制药、针灸、摩砭以为术家之粗,不足学也。书日博,识日精,一人倡之,举世效之,岐、黄盈天下,而天下之人病相枕、死相接也,可谓明医乎?愚以为从事方脉、药饵、针灸、摩砭,疗疾救世者,所以为医也,读书取以明此也。若读尽医书而鄙视方脉、药饵、针灸、摩砭,妄人也,不惟非岐、黄,并非医也,尚不如习一科、验一方者之为医也。读尽天下书而不习行六府、六艺,文人也,非儒也,尚不如行一节、精一艺者之为儒也。"

王子曰:"栋梁材自别,岂必为檩榱哉?"予曰:"栋梁亦自拱把尺寸长成,成时亦有皮干枝叶。世岂有浑成栋梁哉?"王子曰:"艺学到精熟后,自见上面。幼学岂能有所见?"余曰:"幼学但使习之耳。必欲渠见,何为哉?"王子曰:"不见上面,何与心性?"余曰:"不然。即如夫子使阙党童子将命,使之观宾主接见之礼，有下于夫子客至，则见客求教尊长悚敬气象；有班于夫子或尊于夫子客至，则见夫子温、良、恭、俭、让，侃侃、訚訚气象。此是治童子耳目乎，治童子心性乎？故六艺之学，不待后日融会一片，乃自童龀即身心、道艺一致加功也。且既令渠习见无限和敬详密之理，岂得谓无所见？但随所至为浅深耳。讲家解《一贯章》，有谓曾子平日用功皆是贯中之一，今日夫子教以从一而贯。夫用功于贯中之一，是夫子所以教三千人者也，岂得曰'六艺非心性'也？"

王子曰："礼乐自宜学，射御粗下人事。"余曰："贤者但美礼乐名目，遂谓宜学，未必见到宜学处也；若见到，自不分精粗。喜精恶粗，是后世所以误苍生也。"王子曰："第见不足为，若为，自是易事。"余曰："此正夫子所谓'智者过之'。且昔朱子谓'要补填，实是难'，今贤弟又谓'易'。要之，非主难，亦非主易，总是要断尽实学，不去为耳！"王子大笑。予曰："李晦翁年逾五旬，勤力下学，日与弟子拈矢弯弓，甚可钦也！"王子曰："晦夫叔尝言，'射为男子事，何可不习！'"余曰："宋、元来儒者却习成妇女态，甚可羞。无事袖手谈心性，临危一死报君王，即为上品矣。岂若真学一复，户有经济，使乾坤中永享治安之泽乎！"王子曰："六艺之学，诚有功于乾坤。"予曰："不但尔也。子产云，历事久，取精多，则魂魄强。今于礼乐、兵农无不娴，即终身莫之用而没，以体用兼全之气还于天地，是谓尽人道而死，故君子曰终。故曰学者，学成其人而已，非外求也。"王子又笑。

予曰："此学终无行日矣。以贤弟之有志，且深信予，又入朱学未深，似无可恋惜，而犹难挽回如此，况彼已立崖岸者乎！"因复取首数篇进曰："幸终观之！"王子阅毕，喟然曰："孔子是教天下人为臣为子，若都袖手高坐作君父，天下事叫谁办哉！"抚卷叹息久之。余曰："某急就《三存编》，以为天生某，使复明此学而已，非身见之材也。欲进之孙征君，借以回天下。"王子曰："人自为耳，何必伊！"予曰："天生材自别。伊尹圣之任，夏季之民如在水火，何不出而延揽豪杰，自为奉天救民之举，必待成汤之三聘乎？张良志复韩仇，亦尝聚众百余，何不决于自为而终属沛公乎？盖天生王者，其气为主持世统之气，乃足系属天下，非其人不与也。儒者教世，何独不然？是其人也，天下附之；非其人也，学即过人，而师宗不立。如龙所至则气聚成云，否则不可强也，况愚之庸陋不足数乎！自料只可作名教中一董三老耳。"王子辞行。

越十日，予病痊，往会王子，因论："风言复闻十二月，有诸？"王子曰："此间亦颇闻。"予曰："噫！岂非学术不明，吾儒误于空言，无能定国是者乎？使吾党习谙历象，何以狐疑如此！"因言帝尧命羲、和，教以钦天授时及考验推步之法，尧盖极精于历。因言帝王设官分职，未有不授以成法者。尧命司徒，授以匡、直、劳、来等法，舜命士师，授以五刑、五服、五流、五宅等法，命典乐，授以直温、宽栗等理及依永和声、无相夺伦等法，成王置农官，授以钱镈、铚艾、耕耦等法。观命官之典，《厘成》之诗，是君父亦未有不知六府、六艺之学者，则袖手高坐，徒事诵读，固非所以为臣子，亦岂所以作君父哉？

学　辨　二

又越旬，王子来会，复曰："周公制礼作乐，且以文、武之圣开之，成、康之贤继之，太、召、君陈辈左右之，亦不百年而穆王乱；迨东迁而周不可问矣。汉、唐、宋、明不拘古法，亦定数百年之天下，何歉于三代哉？"予曰："汉、唐后之治道，较之三代，盖星渊不可语也，吾弟未之思耳。吾弟但见穆、平之衰而未实按其列国情势民风也。吾兹不与贤弟论三代盛时，且以春秋之末，其为周七百年矣，只义姑存鲁、展禽拒齐二事，风俗之美，人材之盛，鲁固可尚也；齐乃以妇人而旋师，闻先王命而罢战。由此以思，当日风俗人心，岂汉、唐后所可仿佛哉？"

王子曰："终见艺学粗，奈何？"予曰："此乃不知止耳。观《大学》言明亲即言止至善，见道为粗，是不知至善之止也，故曰'知止而后有定'。"王子乃欢忻鼓舞曰："昨子产一段，已深悚我心。自今日当务精此学，更无疑矣。"因述乃父命计田数不清。予曰："计亩，人以为琐事矣。然父命而不清，非不能为子之一乎？"王子曰："无大无小，无不习熟，固也。弟昨言栋梁材，兄不以为然。恐天下自有可大不可小之材，如庞士元非百里材，曾子教孟敬子持大体，非乎？"予曰："孔子乘田、委吏，无不可为。若位不称材，便醋惰废事，此自豪士之态，非君子之常也。孟敬子当时已与鲁政，乃好理琐小，故曾子教以所贵道三，岂可以此言便谓笾豆之事不宜学乎？况当时学术未失，家臣庶士无不能理事者，第忧世胄骄浮不能持大体耳。能持大体,凡事自可就也。"

王子曰:"博学乃古人第一义。《易》云'多识前言往行以畜德',子路曰'何必读书然后为学',可见古人读书,诵读亦何可全废?"予曰:"周公之法,春秋教以礼乐,冬夏教以《诗》《书》,岂可全不读书?但古人是读之以为学,如读琴谱以学琴,读《礼经》以学礼。博学之,是学六府、六德、六行、六艺之事也。只以多读书为博学,是第一义已误,又何暇计问、思、辨、行也?"王子行。

越一日,予过其斋。王子曰:"连日思乐能涤人滓渣。只静敬以求惩忿窒欲,便觉忿欲全无,不时却又发动;不如心比声律,私欲自化也。"余曰:"噫,得之矣!某谓心上思过,口上讲过,书上见过,都不得力,临事时依旧是所习者出,正此意也。夫礼乐,君子所以交天地万物者也,位育著落,端在于此。古人制舞而民肿消,造琴而阴风至,可深思也。"

王子又问:"道问学之功,即六艺乎?"予曰:"然。"又问:"如何是尊德性?"予未答。又问:"如何是中人以上可以语上也?"盖因程、朱好语上,王子欲证语上之为是也。予曰:"离下无上。明德,亲民,尊德性,道问学,只是此事,语上人皆上,语下人皆下。如洒扫应对,下也,若以语上人,便见出敬;弦指徽律,下也,若以语上人,便见出和。某昨童子将命一段,正是道艺一致,耳目性情一滚做也。"王子怃然曰:"至言!"予曰:"此亦就贤弟之问为言耳。其实上有上,下有下,上下精粗皆尽力求全,是谓圣学之极致矣。不及此者,宁为一端一节之实,无为全体大用之虚。如六艺不能兼,终身止精一艺可也;

如一艺不能全,数人共学一艺,如习礼者某冠昏,某丧祭,某宗庙,某会同,亦可也。夫吾辈姿质,未必是中人以上,而从程,朱倒学,先见上面,必视下学为粗,不肯用力矣。"王子曰:"'下学而上达',孔子定法,乌容素乎哉!"

卷 二

性 理 评

程子曰：邢明叔明辨有才气，其于世务练习，盖美才也。晚溺于佛，所谓"日月至焉而已"者，岂不惜哉！

朱子云："程子死后，其高弟皆流于禅。"岂知程子在时已如此乎！盖吾儒起手便与禅异者，正在彻始彻终总是体用一致耳，故童子便令学乐舞勺。夫勺之义大矣，岂童子所宜歌？圣人若曰，自洒扫应对以至参赞化育，固无高奇理，亦无卑琐事。故上智如颜、贡，自幼为之，不厌其浅而叛道；粗疏如陈亢，终身习之，亦不至畏其难而废学。今明叔才气明辩，练达世务，诚为美才。但因程子不以六艺为教，初时既不能令明叔认取其练习世务莫非心性，后又无由进于位育实具，不见儒道结果。回视所长者不足恋，前望所求者无所得，便觉无意味，无来由，乌得不莫之御而入于禅也？犹吾所谓明帝之好佛，非明帝之罪，而李躬、桓荣之罪也。

夫"日月至焉",乃吾夫子论诸贤不能纯仁分寸也。当时曾子、子贡之流,俱在其中。乃以比明叔之溺佛,程子不亦易言乎?

> 明道谓谢显道曰:"尔辈在此相从,只是学某言语,故其学,心与口不相应。盍若行之!"请问焉。曰:"且静坐。"
> 伊川每见人静坐,便叹其善学。

因先生只说话,故弟子只学说话,心口且不相应,况身乎,况家国天下乎?措之事业,其不相应者多矣。吾尝谈天道、性命,若无甚扞格,一著手算九九数辄差。王子讲冠礼若甚易,一习初祝便差。以此知心中醒,口中说,纸上作,不从身上习过,皆无用也。责及门不行,彼既请问,正好教之习礼习乐,却只云"且静坐"。二程亦复如是,噫!虽曰不禅,吾不信也。

> 武夷胡氏曰:"龟山天资夷旷,济以问学,充养有道,德器早成。积于中者纯粹而宏深,见于外者简易而平淡。闲居和乐,色笑可亲;临事裁处,不动声色。与之游者,虽群居终日,嗒然不语,饮人以和,而鄙吝之态自不形也。推本孟子性善之说,发明《中庸》《大学》之道。有欲知方者,为指其攸趋,无所隐也。当时公、卿、大夫之贤者,莫不尊信之。"又曰:"先生造养深远,烛理甚明,混迹同尘,知之者鲜。行年八十,志气未衰,精力少年殆不能及。朝廷方向意儒学,日新圣德,延礼此老,置之经筵,朝夕咨访,裨补必多。至如裁决危疑,经理世务,若烛

照数计而龟卜也！"

　　无论其他，只"积于中者纯粹而宏深"一语，非大贤以上能之乎？其中之果纯粹与否，宏深与否，非仆所知。然朱子则已讥其入于禅矣，禅则必不能纯粹宏深，纯粹宏深则必不禅也。至混迹同尘气象，《五经》《论》《孟》中未之见，非孟子所谓同流合污者乎？充此局以想，夷旷、简易、平淡、和乐、可亲诸语，恐或皆孟子所状乡原光景也。

　　　　陈氏渊曰：伊川自涪归，见学者凋落，多从佛教，独龟山先
　　　生与谢丈不变。因叹曰："学者皆流于异端矣！惟有杨、谢二君
　　　长进。"

　　尝观孔子殁，弟子如丧父母，哀恸无以加矣；又为之备礼营葬，送终无以加矣；又皆庐其墓三年，惓恋无以加矣；余情复见于同门友之不忍离，相向而哭皆失声。其师弟情之笃而义之重，盖如此也。迄后有宋程、朱两门，以师弟著于乾坤，不惟自任以为真继孔子之统，虽当时及门亦以为今之孔子矣，后世景仰亦谓庶几孔门师弟矣。而其殁也，不过一祭一赞，他无闻焉。仆存此疑于心久矣，亦谓生荣死哀之状必别有记载，寡陋未之见耳。殊不意伊川生时，及门已如此其相负也！涪之别也，日月几何，而遽学者凋落，相率而从于佛！又孰知所称杨、谢不变者，下梢亦流于禅也！然则真承程子之统者谁也？非因二程失古圣教人成法，空言相结之不固，不如实学之

相交者深乎？抑程门弟子之从佛，或亦其师夙昔之为教者去佛不远也。程子辟佛之言曰："弥近理而大乱真。"愚以为非佛之近理，乃程子之理近佛也。试观佛氏立教，与吾儒之理，远若天渊，判若黑白，反若冰炭，其不相望也，如适燕适越之异其辕，安在其弥近理也？孟子曰："治人不治，反其智。"伊川于此徒叹学者之流于异端，而不知由己失孔子之教，亦欠自反矣。

> 问："龟山晚年出，是不可晓。其召也以蔡京，然在朝亦无大建白。"朱子曰："以今观之，则可以追咎当时无大建白。若自己处之，不知当时所当建白者何事。"或云："不过择将相为急。"曰："也只好说择将相固是急，然不知当时有甚人可做。当时将只说种师道，相只说李伯纪，然固皆尝用之矣。又况自家言之，彼亦未必见听，据当时事势亦无可为者，不知有大圣贤之材何如耳。"

当时所称大儒如龟山者，既自无将相材，又无所保举。异世后追论，亦无可信之人，不过种、李二公而已。然则周、程、张、邵棺木尚新，其所成之人材皆安在哉？世有但能谈天说性，讲学著书，而不可为将相之圣贤乎？

或言"择将相为急"，何不曰"当时龟山便是好将相，惜未信用"，乃但云"也只好说择将相"，盖身分亦有所不容诬也。噫！儒者不能将，不能相，只会择将相，将相皆令何人做乎？末又云"当时事势亦无可为者，不知有大圣贤之材何如耳"，是明将经济时势让与圣贤做，尚得谓之道学乎？至于李公字行，种公名呼，此朱子重文轻武不自觉处。其遗风至今日，衣冠之士羞与武夫齿，秀才挟弓矢出，乡人皆惊，甚至子弟骑射武装，父兄便以不才目之。长此不返，四海溃弱，何有已时乎？独不观孔门无事之时，弓矢、剑佩不去于身也，武舞干戚不离于学也！身为司寇，堕三都，会夹谷，无不尚武事也。子路战于卫，冉、樊战于齐，其余诸贤气象皆可想也。学丧道晦，至此甚矣！孔门实学，亦可以复矣！

> 问："龟山当时何意出来？"曰"龟山做人也苟且，是时未免禄仕，故乱就之"云云。问："或者疑龟山为无补于世，徒尔纷纷，或以为大贤出处不可以此议，如何？"曰："龟山此行固是有病，但只后人又何曾梦到他地位在！惟胡文定以柳下惠'援而止之而止'比之，极好。"

余尝谓宋儒是理学之时文也。看朱子前面说"龟山做人苟且，未免禄仕，故乱就之"，此三语抑杨氏于乡党自好者以下矣。后面或人说"大贤出处不可议"，又引胡氏之言比之柳下惠，且曰"极好"；又何遽推之以圣人哉？盖讲学先生只好说体面话，非如三代圣贤，一身之出处，一言之抑扬，皆有定见。龟山之就召也，正如燕雀处堂，全不见汴京亡，徽、钦虏；直待梁折栋焚而后知金人之入宋也。朱子之论龟山，正如戏局断狱，亦不管圣贤成法，只是随口臧否。驳倒龟山以伸吾识，可也；救出龟山以全讲学体面，亦可也。

上蔡为人英果明决，强力不倦，克己复礼，日有课程。所著《论语说》及门人所记遗语，行于世。

要推尊上蔡，便言其"克己复礼，日有课程"，后面要说程门诸人见皆不亲切之故，又言是"无头无尾，不曾尽心"，毋乃自相矛盾乎？此处殊令人疑。

上蔡直指穷理居敬为入德之门，最得明道教人之纲领。

朱子称"上蔡直指穷理居敬为入德之门，最得明道教人纲领"，仆以为此四字正诸先生所以自欺而自误者也。何也？"穷理居敬"四字，以文观之甚美，以实考之，则以读书为穷理功力，以恍惚道体为穷理精妙，以讲解著述为穷理事业，俨然静坐为居敬容貌，主一无适为居敬工夫，舒徐安重为居敬作用。观世人之醉生梦死，奔忙放荡者，诚可谓大儒气象矣；但观之孔门，则以读书为致知中之一事。且书亦非徒占毕读之也，曰"为《周南》《召南》"，曰"学《诗》""学《礼》"，曰"学《易》""执《礼》"，是读之而即行之也。曰"博学于文"，盖《诗》《书》、六艺以及兵农、水火在天地间灿著者，皆文也，皆所当学之也。曰"约之以礼"，盖冠婚、丧祭、宗庙、会同以及升降周旋，衣服饮食，莫不有礼也，莫非约我者也。凡理必求精熟之至，是谓"穷理"；凡事必求谨慎之周，是谓"居敬"。上蔡虽贤，恐其未得此纲领也。不然，岂有"居敬穷理"之人而流入于禅者哉？

　　明道以上蔡诵读多记为玩物丧志，盖谓其意不是理会道理，只是夸多斗靡为能。若明道看史不差一字，则意思自别。此正为己为人之分。

　　谢良佐记问甚博，明道谓之曰："贤却记得许多，可谓玩物丧志。"良佐身汗面赤。明道曰："此便是恻隐之心。"可见大程学教犹不靠定书本。仆掀阅至此，悚然起敬，以为此正明道优于伊川、紫阳处，又未尝不爱谢公之有志也。使朱子读此亦为之汗身赤面则善矣；乃曲为之说，谓渠是夸多斗靡，不是理会道理，又引程子看史事证之，总是不欲说坏记诵一道，恐于己读尽天下书之志有妨也。不知道理不专在书本上理会；贪记许多以求理会道理，便会丧志，不得以程子看史一字不差相混也。

　　问："上蔡说横渠以礼教人，其门人下梢头低，只溺于刑名、度数之间，行得来因无所见处，如何？"曰："观上蔡说得偏了，这都看不得礼之大体，所以都易得偏。如上蔡说横渠之非，以为欲得正容谨节，这是自好，如何废这个得！如专去理会刑名、度数固不得，又全废了这个也不得。"

　　宋儒胡子外，惟横渠之志行井田，教人以礼，为得孔、孟正宗。谢氏偏与说坏，讥"其门人下梢头低，溺于刑名、度数"，以为横渠以礼教人之流弊。然则教人不当以礼乎？谢氏之入禅，于此可见。二程平昔之所以教杨、谢诸公者，于此可想矣。

玩"行得来因无所见"一语,横渠之教法真可钦矣。"民可使由之,不可使知之","道之以德,齐之以礼",此圣贤百世不易之成法也。虽周公、孔子,亦只能使人行,不能使人有所见;功候未到,即强使有所见,亦无用也。孟子曰:"行之而不著焉,习矣而不察焉,终身由之而不知道者,众也。"此固叹知道之少,而吾正于此服周公、孔子流泽之远也。布三重以教人,使天下世世守之,后世有贤如孟子者得由行习而著察,即愚不肖者亦相与行习于吾道之中,正《中庸》所谓"行而世为天下法",历八百年而犹在,几百余年而未衰。此周公、孔子之下梢头原如是其低也,而其上梢头亦未尝高。制礼作乐,遵行遍天下,而周公之心,虽亲贤之召公不尽知也。博文约礼,服习遍三千,而一贯之秘,虽聪颖之端木未之闻也。相随半生,尚以"多学而识"认夫子,然则未闻性道之前,端木子与三千人不同以文礼为道乎? 则横渠之门人,即使皆认刑名、度数为道,何害也? 朱子既见谢氏之偏而知横渠之是,即宜考古稽今,与门人讲而习之,使人按节文,家行典礼,乃其所也。奈何尽力诵读著述,耽延岁月? 迨老而好礼,又只要著《家礼》一书,屡易稿始成,其后又多自嫌不妥,未及改正而没,其门人杨氏固尝代为致憾矣。考其实,及门诸公不知式型与否,而朱子家祠丧礼已多行之未当,失周公、孔子之遗意者矣。岂非言易而行难哉?

　　尹(编者注:尹原作伊)彦明见伊川后,半年方得《大学》《西铭》看。此意思好,也有病。盖且养他气质,淘潠去了那许多不好底意思，如《学记》所谓"未卜禘，不视学，游其志也"之意。此意思固好，然也有病者。盖天下有多少书，若半年间都不教他看一字，几时读得天下许多书？所以彦明终竟后来工夫少了。

伊川虽失孔子学教成法，犹知不可遽语人以高深，犹知不全靠书册，故迟半年方与门人《大学》《西铭》看。至朱子则必欲人读天下许多书，是将道全看在书上，将学全看在读上，其学教之法又不逮伊川矣。吾谓《大学》可即与看，若《西铭》，虽姿性聪敏者，再迟数年与看，未为晚也。

> 和靖涪州被召，祭伊川文云："不背其师则有之，有益于世则未也。"因言："学者只守得某言语，已自不易；少间又自转移了。"

吾读《甲申殉难录》，至"愧无半策匡时难，惟余一死报君恩"，未尝不凄然泣下也！至览和靖祭伊川"不背其师有之，有益于世则未"二语，又不觉废卷浩叹，为生民怆惶久之！夫周、孔以六艺教人，载在经传，子罕言仁、命，不语神，性道不可得闻，予欲无言，博文约礼等语，出之孔子之言及诸贤所记者，昭然可考；而宋儒若未之见也，专肆力于讲读，发明性命，闲心静敬，著述书史。伊川明见其及门皆入于禅而不悟，和靖自觉其无益于世而不悟，甚至求一守言语者亦不可得，其弊不大可见哉？至于朱子追述，似有憾于和靖而亦不悟也。然则吾道之不行,岂非气数使之乎？

> 问:"伊川门人如此其众,后来更无一人见得亲切;或云
> 游、杨亦不久亲炙。"曰:"也是诸人无头无尾,不曾尽心在上
> 面,也各家去奔走仕宦,所以不能理会得透。如邵康节从头到
> 尾,极终身之力而后得之,虽其不能无偏,然就他这道理,所谓
> 成而安矣。如茂叔先生资禀便较高,他也去仕宦,只他这所学,
> 自是合下直到,所以有成。某看来,这道理若不是拚生尽死去
> 理会,终不得解。"

伊川门人甚众,后更无一人见之亲切,非因伊川所教诸
人所学俱失孔子实学之故乎？朱子乃云"是诸人无头无尾,
不曾尽心在上面",试观游、杨、谢、尹诸公,果是"无头无尾,
不曾尽心"者乎？又云"各去奔走仕宦,所以不能理会透;康
节极终身之力而后有得;茂叔亦去仕宦,只他资禀高,合下直
到";然则必欲人不仕宦,不作事,终身只在书室中,方可得
道乎？

> 与叔文集煞有好处,他文字极是实;说得好处,如千兵万
> 马,饱腾伉壮。上蔡虽有过当处,亦自是说得透。龟山文字却
> 怯弱,似是合下会得易。游、杨、谢诸公当时已与其师不相似,
> 却似别一家。谢氏发明得较精彩,然多不稳贴。和靖语却实,
> 然意短,不似谢氏发越。龟山语录与自作文不相似,其文大段
> 照管不到;前面说如此,后面又都反了,缘他只依傍语句去,皆

不透。龟山年高，与叔年四十七，他文字大纲立得脚来健，多有处说得好又切，若有寿，必然进。游定夫学无人传，无语录。

如何只论人文字言语长短，语录有无，非失圣门学宗，不实用功于明亲，故无实事可称举乎？今有人议诸先生专在文字言语用功，或云只在言语文字论人品，必至群相哗之曰："彼大儒，不止是也。"乃考其实则竟如此！较欧、苏诸公，但多讲论性道之语，内地静敬之功耳。试想三代前君臣奖赞，师弟叙述，或后人论断前圣贤，曾有此口吻比例否？噫，恐不啻冰玉之相悬也！

上蔡之学，初见其无碍，甚喜之。后细观之，终不离禅的见解。

予于程朱、陆王两派学宗正如是。

龟山未见伊川时，先看庄、列等文字；后来虽见伊川，然而此念熟了，不觉时发出来。游定夫尤甚，罗仲素时复亦有此意。

圣人教人六艺，正使之习熟天理。不然，虽谆谆说与无限道理，至吃紧处依旧发出习惯俗杂念头。

一日，论伊川门人，云"多流入释、老"。陈文蔚曰："只是游定夫如此,恐龟山辈不如此。"曰:"只《论语序》便可见。"

朱子论游、杨入释、老处不知何指,但既废尧、舜、周、孔六府、六艺之学,则其所谓不入释、老者又果何指也?仆尝论汉人不识儒,如万石君家法,真三代遗风,不以儒目之;则其所谓儒,只是训诂辞华之流耳。今观朱门师弟一生肆力文字光景,恐或不免为游、杨所不屑也。

> 看道理不可不仔细。程门高弟如谢上蔡、游定夫、杨龟山辈,下梢皆入禅学去。必是程先生当初说得高了,他们只睹见上截,少下面著实功夫,故流弊至此。

仆意朱子未觉程门教法之失,既觉而复蹈之,何也?倘因此便返于实学,岂非吾道之幸哉?

"下面著实功夫",是何物乎?将谓是静敬乎?程门诸子固已力行之矣。将谓是礼、乐、射、御、书、数之属乎?朱子已云补填难,姑不为之矣。将谓是庸德庸言乎?恐礼、乐、射、御、书、数所以尽子、臣、弟、友之职者既不为,又何者是其不敢不勉者乎?考其与及门日征月迈者,则惟训解经传,纂修书史,死生以之。或其所谓"下面著实功夫"者,未必是孔子所云"下学"也。

> 韩退之云:"孔子之道,大而能博,门弟子不能遍观而尽识也,故学焉而皆得其性之所近。"此说甚好。看来资质定了,其

为学也只就他资质所尚处添得些小好而已。所以学者贵公听并观，求一个是当处，不贵徒执己自用。今观孔门诸子，只除颜、曾之外，其他说话便皆有病。

平日讲学主变化气质，此处却云"其为学也只就资质所尚处添些小好而已"，盖诸先生认气质有恶，不得不说变化，此处要说诸贤各得其性之所近，故又说"气质已定，只添些小好"。且下云"学贵公听并观，求一个是当"，如果有此妙法，而诸贤徒执己见求之，固可憾矣；乃吾夫子亦不为之一指点也，何朱先生之大智而圣门师弟之大愚乎？则朱子所见之道与所为之学、所行之教，与圣门别是一家，明矣！至于求诸贤之短，又何不著实体验诸贤之造诣何如，吾辈较之何如，乃只论其说话有病无病乎？仆谓不惟七十子之品诣非可轻议，便是二千九百余人，既经圣人陶熔，亦不易言也。自战国横议后，重以秦人之焚坑，汉儒之训诂，魏、晋之清谈，历代之佛、老，宋、元之讲读，而七十子之身分久不明于世矣。吾尝谓孔子如太阳当空，不惟散宿众星不显其光，即明月五星亦不出色，若当下旬之夜，一行星炯照，四国仰之如太阳然矣。故孔子奠楹后，群推有子为圣人，西河又推卜子为圣人。当时七十子身通六艺，日月至仁，倘有一人出于后世，皆足倡学一代，使人望为圣人，非周、程以下诸先生所可比也。近法乾王子有言："后儒稍有不纯，议庙典者动言黜退。圣门如冉求之聚敛，宰予之短丧，何可从祀？"予曰："贤弟未之思耳。冉有固有亏欠处，其学却实。如此案即缺一角，仍是有用之巨器，岂可舍也？故圣门一推政事之科，一在言语之列，不比后人虚言标榜，书本上见完全也。"王子曰："然。"

延平李氏曰：罗先生性明而修，行全而洁；充之以广大，体之以仁恕；精深微妙，多极其至。汉、唐诸儒无近似者。

又是一圣人！宋固多圣人乎？

陈氏协曰：先生可谓有德有言之隐君子矣！李公侗传其学。公殁之后，既无子孙，及其遗言不多见于世。嘉定七年，郡守刘允济始加搜访，得公所著《遵尧录》八卷，进之于朝。其书四万言，大要谓艺祖开基，列圣继统，若舜、禹遵尧而不变。至元丰改制，皆自王安石作俑，创为功利之图，浸致边疆之侮。是其畎亩不忘君之心，岂若沮、溺辈索隐行怪之比耶？

元祐(编者注：祐原作佑)、元丰之狱，迄无公论。要之荆公之欲强宋本是，而术未尽善。苟安者竟为敌，洪水罔绩，遂咎崇伯。然使即任濂、洛群哲，恐亦如四岳群牧无如洪水何，未是神禹也。

周氏坦曰：观先生在罗浮山静坐三年，所以穷天地万物之理，切实若此。

原来是用此功，岂不令孔子哀之乎？但凡从静坐读书中讨来识见议论,便如望梅画饼,靠之饥食渴饮不得。

> 朱子曰:李延平先生屏居山里,结茅水竹之间,谢绝世故四十余年,箪瓢屡空,怡然自得。

试观孔子前有"谢绝世故"之道学乎?

> 先生从罗仲素学,讲读之余,危坐终日,以验夫喜怒哀乐未发之前气象为何如,而求所谓中者。若是者盖久之,而知天下之大本真有在乎是也。

昔孔门固有讲诵,乃诵其所学,讲其所学。如诵三代之礼、讲三代之礼以学礼,诵乐章,讲乐器、乐音、乐理以学乐,未有专以讲诵为学者。至于危坐终日以验未发气象为求中之功,尤孔子以前千圣百王所未闻也。今宋家诸先生,讲读之余,继以静坐,更无别功,遂知天下之大本真在乎是。噫!果天下之大本耶?果天下之理无不自是出耶?何孔门师弟之多事耶?

> 先生资禀劲特,气节豪迈;而充养纯粹,无复圭角。精纯之气,达于面目,色温言厉,神定气和。语默动静,端详闲泰;自然之中,若有成法。平居恂恂,于事若无可否。及其应酬事变,断以义理,则有截然不可犯者。
>
> 先生之道德纯备,学术通明,求之当时,殆绝伦比。然不求知于世,而亦未尝轻以语人,故上之人既莫之知,而学者亦

莫之识,是以进不获行于时,退未及传之于后。而先生方且玩
其所安乐者于畎亩之中,悠然不知老之将至。盖所谓"依乎中
庸,遁世不见知而不悔"者,先生庶几焉!

合二段观之,则延平先生真一孔子矣。夫闻恶而信,闻善
而疑者,小人也;仆即不肖,何忍以小人自居乎?但以唐、虞、
三代之盛,亦数百年而后出一大圣,不过数人辅翼之。若尧、
舜之得禹、皋,孔子之得颜、曾,直如彼其难,而出必为天地建
平成之业,处亦一年成聚,二年成邑,三年成都,或身教三千以
成天下之材,断无有圣人而空生之者。况秦、汉后千余年间,
气数乖薄,求如仲弓、子路之辈不可多得,何独以偏缺微弱,兄
于契丹,臣于金、元之宋,前之居汴也,生三四尧、孔,六七禹、
颜;后之南渡也,又生三四尧、孔,六七禹、颜?而乃前有数圣
贤,上不见一扶危济难之功,下不见一可相可将之材,两手以
二帝畀金,以汴京与豫矣!后有数十圣贤,上不见一扶危济难
之功,下不见一可相可将之材,两手以少帝付海,以玉玺与元
矣!多圣多贤之世,而乃如此乎?噫!

先生少年豪勇,夜醉,驰马数里而归。后来养成徐缓,虽
行二三里路,常委蛇缓步,如从容室中也。问:"先生如何养?"
曰:"先生只是潜养思索。他涵养得自是别,真所谓'不为事物
所胜'者。"

孔子但遇可悯可敬,便勃然变色;忽而久,忽而速,似为

事物所胜,乃是圣人。释氏父子兄弟亦不动心,可谓"不为事物所胜",却是异端。

> 古人云"终日无疾言遽色",他真个是如此。寻常人叫一人,一二声不至,则声必厉;先生叫之不至,不加于前也。寻常人去近处必徐行,出远处必行稍急;先生出近处也如此,出远处亦只如此。又如坐处壁间有字,某每尝亦须起头一看;若先生则不然,方其坐固不看也,若是欲看,则必起就壁下看之。其不为事物所胜,大率如此。

行远不加急;叫人不至,声不加大;坐处有字,必不坐看;天地间岂有此理乎?莫谓"可以速则速,可以久则久"之孔子不如此,虽伯夷、柳下惠亦断非如此气象。

> 先生居处有常,不作费力事。

只"不作费力事"五字,不惟赞延平,将有宋一代大儒皆状出矣。子路问政,子曰:"先之,劳之。"天下事皆吾儒分内事;儒者不费力,谁费力乎?试观吾夫子生知安行之圣,自儿童嬉戏时即习俎豆、升降,稍长即多能鄙事,既成师望,与诸弟子揖让进退,鼓瑟,习歌,羽籥、干戚、弓矢、会计,一切涵养心性、经济生民者,盖无所不为也。及其周游列国,席不暇暖而辄迁,其作费力事如此,然布衣也。周公,文王之子,武王之弟,成王之叔,身为上公者也,而亦多材多艺,吐哺握发以接士,制礼作乐以教民,其一生作费力事又如此。此所以身当国钧,开八百之祚于宗周,其人材至末流,犹堪为五霸之用;虽为布衣,布散三千人于天下,维二百年之国脉,其士风之塌坏,犹足供七雄之用。故曰"儒者天地之元气",以其在上在下,皆能造就人材,以辅世泽民,参赞化育故也。若夫讲读著述以明理,静坐主敬以养性,不肯作一费力事,虽曰口谈仁义,称述孔、孟,其与释、老之相去也者几何?

> 先生厅屋书室,整齐潇洒,安物皆有常处。其制行不异于人;亦尝为任希纯教授延入学作职事,居常无甚异同,頺如也。真得龟山法门。

当斯世而身任教授,焉得无甚异同乎,又焉得以"頺如也"为德容乎? 其与龟山之混迹同尘,一矣。宜朱子称为"真得龟山法门"也。

> 问:"先生所作《李先生行状》,云'终日危坐,以验夫喜怒哀乐之前气象为如何,而求所谓中者',与伊川之说若不相似。"曰:"这处是旧日下的语太重。今以伊川之语格之,则其下功夫处亦有些子偏。只是被李先生静得极了,便自见得是有个觉处,不似别人。今终日静坐,只是且收敛在此,胜如奔驰。若一向如此,又似坐禅入定。"

看朱子前日所言,丝毫未稳,皆不难自驳倒。若有人以不肖《性辨》及《孔子教法》进，必豁然改悟。恨吾生也晚，不获及门矣！

静极生觉，是释氏所谓至精至妙者，而其实洞照万象处皆是镜花水月，只可虚中玩弄光景，若以之照临折戴则不得也。吾闻一管姓者，与吾友汪魁楚之伯同学仙于泰山中，止语三年。汪之离家十七年，其子往觅之，管能预知，以手画字曰："汪师今日有子来。"既而果然。未几，其兄呼还，则与乡人同也。吾游北京，遇一僧敬轩，不识字，坐禅数月，能作诗，既而出关，则仍一无知人也。盖镜中花、水中月，去镜、水则花、月无有也。即使其静功绵延一生不息，其光景愈妙，虚幻愈深，正如人终日不离镜水，玩弄其花月一生，徒自欺一生而已，何与于吾性广大高明之体哉？故予论明亲有云："明而未亲，即谓之明，非《大学》之明也。"盖无用之体，不惟无真用，并非真体也。有宋诸先生，吾固未敢量，但以静极有觉为孔子学宗，则断不敢随声相和也。

问："延平先生何故验于喜怒哀乐未发之前而求所谓中？"曰："只是要见气象。"陈后之曰："持守良久，亦可见未发气象。"曰："延平亦是此意。"又问："此与杨氏于未发前体验者，异同何如？"曰："这个亦有些病。那体验字是有个思量了，便是已发；若观时怎著意看，便是已发。"问："此体验是著意观，只怎平常否？"曰："此亦是以不观观之。"

观此及前节，则宋儒之不为禅者鲜矣，而方且攻人曰"近有假佛、老之似以乱孔、孟之真者"。愚谓充此段之意,乃是假佛、老之真以乱孔、孟之似耳。

> 某旧见先生时,说得无限道理,也曾去学禅。先生云:"汝恁地悬空理会得许多,面前事却又理会不得?道亦无奇妙,只在日用间著实用工夫处理会,便自见得。"后来方晓得他说,故今日不至无理会耳。

原来朱子亦曾学禅,宜其濯洗不净者,自贻伊戚矣!延平谓之曰:"汝悬空理会许多,面前却理会不得。"理会面前者,惟周公、孔子之道。朱子自言不至无理会,以今观之,日用间还欠理会。盖二先生之所谓"面前事",较释氏之悬空而言耳。若二先生得周、孔而见之,其所以告之者,必仍如李先生之告朱先生也。

> 猗欤先生,果自得师。身世两忘,惟道是资。精义造约,穷深极微,冻解冰释,发于天机。乾端坤倪,鬼秘神彰,风霆之变,日月之光,爰暨山川,草木昆虫,人伦之至,王道之中,一以贯之,其外无余;缕析毫差,其分则殊。体用浑全,隐显昭融,万变并酬,浮云太空。仁孝友弟,洒落诚明,清通和乐,展也大成。婆娑丘林,世莫我知,优哉游哉,卒岁以嬉。

前资禀劲特二段已极推崇,此祭文中写状,尤极酣浓不遗余力,延平虽贤,恐未能当之。昔吾寄书于友人任熙宇,因其长刀笔事,内有"萧、曹之才,兼慕孔、孟之道"二语,任答书云:"凡誉人失实,即是自己离道。仆之驽下,轻诬以萧、曹,即道兄须臾之离道。"予当时读至此,悚然若魂飞,惊愧无地,自谓与任老相交,得力于此书者不浅也。朱子何其见游、杨诸公之明而推其师之侈也!抑笃服之切,不觉其过情欤?乃于静坐之说,亦明不以为然,又可疑也。

　　朱子曰:胡文定曰:"岂有见理已明而不能处事者!"此语好。

　　见理已明而不能处事者多矣,有宋诸先生便谓还是见理不明,只教人明理。孔子则只教人习事,迨见理于事,则已彻上彻下矣。此孔子之学与程、朱之学所由分也。《二论》《家语》中明明记载,岂可混哉?

卷 三

性 理 评

延平谓朱子曰：渠所论难处，皆是操戈入室。须从源头体认来，所以好说话。

"从源头体认"，宋儒之误也；故讲说多而践履少，经济事业则更少。若宗孔子"下学而上达"，则反是矣。

渠初从谦开善处下功夫来，故皆就里面体认。今既论难，见儒者路脉，极能指其差误之处。自见罗先生来，未见有如此者。

朱子虽逃禅归儒，惜当时指其差误犹有未尽处。只以补填礼、乐、射、御、书、数为难，谓待理会道理通透，诚意正心后，方理会此等，便是差误。夫艺学，古人自八岁后即习行，反以为难；道理通透，诚意正心，乃《大学》之纯功，反以为易而先之；斯不亦颠倒矣乎？况舍置道理之材具、心意之作用，断无真通透、真诚正之理。即使强以其镜花水月者命之为通透诚正，其后亦必不能理会六艺。盖有三故焉：一者，游思高远，自以为道明德立，不屑作琐繁事。一者，略一讲习，即谓已得，未精而遽以为精。一者，既废艺学，则其理会道理、诚意正心者，必用静坐读书之功，且非猝时所能奏效。及其壮衰，已养成娇脆之体矣，乌能劳筋骨，费气力，作六艺事哉！吾尝目击而身尝之，知其为害之巨也。吾友张石卿，博极群书，自谓秦、汉以降二千年书史，殆无遗览。为诸少年发书义，至力竭偃息床上，喘息久之，复起讲，力竭复偃息，可谓劳之甚矣。不惟有伤于己，卒未见成起一才。比其时欲学六艺，何以堪也！祁阳刁蒙吉，致力于静坐读书之学，昼诵夜思，著书百卷，遗精痰嗽无虚日，将卒之三月前，已出言无声。元氏一士子，勤读丧明。吾与法乾年二三十，又无诸公之博洽，亦病无虚日。虽今颇知愤恨，期易辙而崇实，亦惴惴恐其终不能胜任也。况今天下兀坐书斋人，无一不脆弱，为武士、农夫所笑者，此岂男子态乎？差毫厘而谬千里，不知谁为之祟也，噫！

勉斋黄氏曰：先生年十四，慨然有求道之志，博求之经传，遍交当世有识之士，虽释、老之学，亦必究其归趣。

今世为学，须不见一奇异之书，但读孔门所有经传，即从之学其所学，习其所习，庶几不远于道。虽程、朱、陆、王诸先生语录，亦不可轻看，否则鲜不以流之浊而诬其源之清也。朱子少时,因误用功于释、老,遂沾其气味,而吾五百年有功于圣道之大儒,不能涤此歧途之秽,岂非宋、元来学者之不幸哉?

余细玩《朱子语录》,亦有恍悟性学本旨处,但无如曾、孟者从旁一指,终不是判然出彼入此,故糊糊涂涂又仍归周、程所说。或曰:"悟学宗如是其难。吾子天资犹夫人也,而谓独明孔子学宗,吾滋惑矣。"予曰盖有由也。吾自弱冠遭家难,颇志于学,兼读朱、陆两派语录,后以心疾,无所得而萎塌。至甲辰,年三十,得交王子助予,遂专程、朱之学。乙巳丙午,稍有日进之势。丁未,就辛里馆,日与童子辈讲课时文,学遂退。至戊申,遭先恩祖妣大故,哀毁庐中,废业几年,忽知予不宜承重,哀稍杀,既不读书,又不接人,坐卧地炕,猛一冷眼,觉程、朱气质之说大不及孟子性善之旨,因徐按其学,原非孔子之旧。是以不避朱季友之罪而有《存性》《存学》之说,为后二千年先儒救参杂之小失,为前二千年圣贤揭晦没之本源。倘非丁未废歇,戊申遭丧,将日征月迈,望程、朱而患其不及,又焉暇问其误否哉?

　　至若求道而过者,病传注诵习之烦,以为不立文字,可以识心见性;不假修为,可以造道入德;守虚灵之识而昧天理之真,借儒者之言以文佛、老之说。学者利其简便,诋訾圣贤,捐弃经典,猖狂叫呶,侧辟固陋,自以为悟。

此朱子极诋陆门之失处。然由孔门观之,则除"捐弃经典、猖狂叫呶"外,其他失处,恐亦朱门所不能尽免也。

其于读书也,必使之辩其音释,正其章句,玩其辞,求其意,研精覃思以究其所难,平心易气以听其所自得。然为己务实,辨别义利,毋自欺,谨慎独之戒,未尝不三致意焉,盖亦欲学者穷理反身而持之以敬也。从游之士,迭诵所习以质其疑,意有未喻,则委曲告之而未尝倦;问有未切,则反复诚之而未尝隐。务学笃则喜见于言,进道难则忧形于色。讲论经典,商略古今,率至夜半。虽疾病支离,诸生问辩,则脱然沈疴之去体;一日不讲学,则惕然常以为忧。抠衣而来,远自川、蜀,文辞之传,流及海外。

可惜先生苦心苦功,此半幅述之悉矣。试问如孔门七十子者,成就几人?天下被治平者几世?明行吾道而异端顿熄者几分?我夫子承周末文胜之际,洞见道之不兴,不在文之不详而在实之不修,奋笔删定繁文,存今所有经书,取足以明道,而学教专在六艺,务期实用。其与端木、言、卜诸子以下,最少言语,至于天道性命之言尤少,是以学者用功省而成就多。五季之世,武臣司政,诗书高阁,至宋而周、程诸儒出,掀精抉奥,鼓动一时,自谓快事。惟安定胡先生,独知救弊之道在实学不在空言,其主教太学也,立经义、治事斋,可谓深契孔子之心矣。晦庵先生,所宜救正程门末流之失而独宗孔子之经典,以六艺及兵农、水火、钱谷、工虞之类训迪门人,使通儒济济,泽被苍生,佛、老熄灭,乃其能事也。而区区章句如此,谓之何哉!

　　至若天文、地志、律历、兵机，亦皆洞究渊微。文词、字画，骚人才士疲精竭神，尝病其难；至先生，未尝用意，而亦皆动中规绳，可为世法。

天文、地志、律历、兵机数者，若洞究渊微，皆须日夜讲习之力，数年历验之功，非比理会文字可坐而获也。先生既得其渊微，奈何门人录记言行之详，未见其为如何用功也？况语及国势之不振，感慨以至泣下，亦悲愤之至矣。则当时所急，孰有过于兵机者乎？正宜诱掖及门，成就数士，使得如子路、冉有、樊迟者相与共事，则楚囚对泣之态可免矣。乃其居恒传心、静坐主敬之外无余理，日烛勤劳、解书修史之外无余功，在朝莅政，正心诚意之外无余言，以致乘肩舆而出，轻浮之子遮路而进厌闻之诮。虽未当要路，而历仕四朝，在外九考，立朝四旬，其所建白可概见也。莫谓孔、孟之暂效鲁、滕，可如子游、子贱、子路之宰邑光景否？故三代圣贤，躬行政绩多实征，近今道学，学问德行多虚语，则所谓“天文、地志、律历、兵机，洞究渊微”者，恐亦是作文字理会而已。

　　先生出，而自周以来圣贤相传之道，一旦豁然，如大明中天，昭晰呈露！

扬子云曰：“古者杨、墨塞路，孟子辞而辟之，廓如也！”韩子驳之云：“夫杨、墨行，正道废，孟子虽圣贤，不得位，空言无施，虽切何补？然赖其言，而今之学者尚知宗孔氏，崇仁义，贵王贱霸而已,其大经大法,皆亡灭坏烂。所谓存什一于千百,安在其能廓如也!"夫孟子辟杨、墨而杨、墨果熄,尊孔氏而孔氏果尊,崇仁义,贵王贱霸,而仁义果崇,王果贵,霸果贱。至大经大法,如班爵、班禄、井田、学校,王道所必举者,明则明,行则行,非后世空言之比,正子贡所称"贤者识其大者"。子云赞之一语颇易,文公议之。今朱子出,而气质之性参杂于荀、扬,静坐之学出入于佛、老,训诂繁于西汉,标榜溢于东京,礼乐之不明自若也,王道之不举自若也,人材之不兴自若也,佛之日昌而日炽自若也。实学不明,言虽精,书虽备,于世何功,于道何补!然赖其讲解,朝廷犹以《四书》《五经》取士,周、孔之文不至尽没,有志于学者承袭其迹,以主敬静坐求道,不至尽奉释、道名号,与二家鼎峙而已。若问自周以来圣贤相传之道,则绝传久矣。黄氏遽谓"一旦豁然,如大明中天",岂惟不足俟圣人于百世,恐后世有文人之雄如韩子者,亦不免其议也。

果斋李氏曰:先生之道之至,原其所以臻斯域者无他焉,亦曰主敬以立其本,穷理以致其知,反躬以践其实。而敬者,又贯通乎三者之间,所以成始而成终也。故其主敬也云云,内则无二无适,寂然不动;外则俨然肃然,若对神明云云。其穷理也云云,字求其训,句索其旨云云。始以熟读,使其言皆若出于吾之口;继以精思,使其意皆若出于吾之心。自表而达里,自流而溯源,索其精微,若别黑白,辨其节目,若数一二云云,而后为有得焉。若乃立论以驱率圣言,凿说以妄求新意,或援引以相纠纷，或假借以相混惑云云，以为学者之大病，不痛绝乎此，则终无入德之期。盖自孔、孟以降千五百年之间，读书者众矣，未有穷理若此其精者也云云。及其理明义精，养深积盛，充而为德行，发而为事业云云。入而事君，则必思尧、舜其君，出以治民，则必以尧、舜其民。

李氏此赞，体用兼该矣。仆不必详辩，但愿学者取朱子之主敬穷理与孔门一质对，取朱子之事业与尧、舜一质对，则其学宗之稍异判然矣。总之，于有宋诸先生非敢苛求，但以宁使天下无学，不可有参杂佛、老章句之学，宁使百世无圣，不可有将就冒认标榜之圣，庶几学则真学，圣则真圣云尔。

言论风旨之所传，政教条令之所布，皆可为世法。而其"考诸先圣而不谬，建诸天地而不悖，百世以俟圣人而不惑"者，则以订正群书，立为准则，使学者有所依据循守以入尧、舜之道，此其勋烈之尤彰明盛大者。

"考诸先圣而不谬"等语何其大，而乃归之订正群书乎？夫朱子所以尽力于此与当时后世所以笃服于此者，皆以孔子删述故也。不知孔子是学成内圣外王之德，教成一班治世之材，鲁人不能用，又不能荐之周天子，乃出而周游，周游是学教后不得已处；及将老而道不行，乃归鲁删述以传世，删述又周游后不得已处。战国说客，置学教而学周游，是不知孔子之周游为孔子之不得已也。宋儒又置学教及行道当时，而自幼壮即学删述,教弟子亦不过是,虽讲究礼乐,亦只欲著书垂世,不是欲于吾身亲见之,是又不知孔子之删述为孔子之尤不得已也。况孔子之删述,是删去繁乱而仅取足以明道,正恐后人驰逐虚繁,失其实际也。宋儒乃多为注解,递相增益,不几决孔子之堤防而导泛滥之流乎? 此书之所以益盛而道之所以益衰也。

　　先生搜辑先儒之说而断以己意,汇别区分,文从字顺,妙得圣人之本旨,昭示斯道之标的。又使学者先读《大学》以立其规模,次及《语》《孟》以尽其蕴奥,而后会其归于《中庸》。尺度权衡之既定,由是以穷诸经,订群史以及百氏之书,则将无理之不可精,无事之不可处矣。

　　先生昭明书旨,备劳心力,然所明只是书旨,未可谓得吾身之道也。盖《四书》、诸经、群史、百氏之书所载者,原是穷理之文,处事之道。然但以读经史、订群书为穷理处事以求道之功,则相隔千里;以读经史、订群书为即穷理处事,曰道在是焉,则相隔万里矣。兹李氏以先生解书得圣人之本旨,遂谓示斯道之标的,以先生使学者读书有序,遂谓将无理不可精,无事不可处。噫! 宋、元来效先生之汇别区分,妙得圣人之本旨者,不已十余人乎? 遵先生读书之序,先《大学》,次《语》《孟》,次《中庸》,次穷诸经,订群史以及百氏,不已家家吾伊,户户讲究乎? 而果无理不可精,无事不可处否也? 譬之学琴然:诗书犹琴谱也;烂熟琴谱,讲解分明,可谓学琴乎? 故曰以讲读为求道之功，相隔千里也。更有一妄人指琴谱曰，是即琴也，辨音律，协声韵，理性情，通神明，此物此事也。谱果琴乎？故曰以书为道，相隔万里也。千里万里，何言之远也？亦譬之学琴然：歌得其调，抚娴其指，弦求中音，徽求中节，声求协律，是谓之学琴矣，未为习琴也。手随心，音随手，清浊、疾徐有常规，鼓有常功，奏有常乐，是之谓习琴矣，未为能琴也。弦器可手制也，音律可耳审也，诗歌惟其所欲也，心与手忘，手与弦忘，私欲不作于心，太和常在于室，感应阴阳，化物达天，于是乎命之曰能琴。今手不弹，心不会，但以讲读琴谱为学琴，是渡河而望江也，故曰千里也。今目不睹，耳不闻，但以谱为琴，是指蓟北而谈云南也，故曰万里也。

　　　洙、泗以还，博文约礼两极其至者，先生一人而已！

　　"博学于文，约之以礼"，乃孔门祖述尧、舜，宪章文、武之实功，明德亲民百世不易之成法也。但孔门曰"博文约礼"，程、朱亦曰"博文约礼"，此殊令人不敢辨，然实有不待辨而判者。如孔门之"博学"，学礼，学乐，学射，学御，学书、数以至《易》《书》莫不曰学也，《周南》《召南》曰为也。言学言为既非后世读讲所可混，礼、乐、射、御、书、数又非后世章句所可托。况于及门之所称赞，当时之所推服，师弟之所商榷，若《多学而识》《不试故艺》《博学而无所成名》《文武之道未坠于地》《文不在兹》《游于艺》《如或知尔》《可使从政》诸章，皆可按也，此孔门之文，孔门之学也。程、朱之文，程、朱之博学，则李氏已详言之，不必赘矣。孔门之约礼，大而冠婚、丧祭、宗庙、会同，小而饮食、起居、衣服、男女，问老聃，习大树下，公西子曲礼精熟，夫子逊其能，可谓礼圣，言、曾诸贤，纤微必谨。以此约身，即以此约心，出即以此约天下，故曰"齐之以礼"。此千圣体道之作用，百世入道之实功。故《中庸》大圣人之道，至于发育万物，峻极于天，序君子之功，备著尊德性，道问学。而其中直指曰"礼仪三百，威仪三千"，且曰"苟不至德，至道不凝"，显是以三千三百为至道。倘外此而别有率性，别有笃恭，子思亦得罪圣门矣。此孔门之礼，孔门之约也。程、朱之约礼，则惟曰"内而无二无适，寂然不动，外而俨然肃然，若对神明"而已。其博约极至与否，未敢易言，愿学者先辨其文与礼焉可也。

朱子言，自周衰教失，礼乐养德之具一切尽废，所以维持人心者惟有书。则宜追求其一切养德之具，而亟亟与同人讲习之，以经书为佐证可也。而乃惟孜孜攻苦于书，其余不甚重焉。且李氏亦知春秋时患在诸书烦乱而礼乐散亡，孔子删定，为万世道德之宗。乃朱子适丁文墨浩繁之时，而不能删削其烦乱，反从而训之增之，何也？夫朱子之所欲学者，孔子也，而顾未得孔子之心，未尽合孔子学教之法。吾为五百年之士子惜其不得为曾、孟，为五百年之世道惜其不得为殷、周，为五百年之生民惜其不得蒙教养，故深惜朱子之未得为孔子也。

吴氏曰：先生经史子集之余，虽记录杂说，举辄成诵。

经史子集已惜其过用精神，况记录杂说乎？

　　北溪陈氏曰：先生道巍而德尊，义精而仁熟；立言平正温润，清巧的实云云。辞约而理尽，旨明而味深。而其心度澄朗，莹无渣滓，工夫缜密，浑无隙漏，尤可想见于辞气间。故孔、孟、周、程之道，至先生而益明。所谓主盟斯世，独先生一人而已！

试观"道巍德尊，义精仁熟"二语，虽孔子不是过，而下面实指处，却只是立言之"辞约理尽，旨明味深"而已，言其"心度澄朗"，"工夫缜密"，亦不外于辞气想见之。盖朱子身分原是如此，黄、李、吴、陈诸公，亦但能于虚字间崇奖，不能于实际上增润。及总赞"主盟斯世"一语，尤是不觉道出本色。盖王者不作，五霸叠兴，相继主盟，假仁义以明王章，圣贤亦不得已而取之，故孔子曰："桓公九合诸侯，一匡天下。"孟子曰："今之诸侯，五霸之罪人也。"秦、汉而降，圣人不生，扬、韩、王、周、程、朱、陆、薛、王、冯、高诸子相继叠兴，主盟儒坛，阐《诗》《书》以明圣道，天下靡然向风，自好之士多出其内。故五霸者，实德未修，虽天下服之而不敢帝，不敢王，名之曰霸而已；诸儒者，实学未至，虽天下宗之而不敢圣，不敢贤，浑之曰儒而已；其身分正同。迄今大儒相继登坛于东林者，犹皆称主盟，其取义确矣！

　　鹤山魏氏曰：国朝之盛，大儒辈出，声应气求，若合符节。曰极，曰诚，曰仁，曰道，曰忠，曰恕，曰性命，曰气质，曰天理人欲,曰阴阳鬼神,若此等类,凡皆圣门讲学之枢要,而千数百年习浮踵陋,莫知其说者,至是脱然若沈疴之间,大寐之醒。至于朱文公先生,始以强志博见凌高厉空;自受学延平李先生,谒然如将弗胜,于是敛华就实,反博归约。迫其蓄久而思浑,资深而行熟,则贯精粗,合内外,群献之精蕴,百家之异指,毫分缕析,如示诸掌。张宣公、吕成公,同心协力以闲先圣之道,而仅及中身,论述靡定。惟先生巍然独存,中更学禁,自信益笃。盖自《易》《诗》《中庸》《大学》《论语》《孟子》,悉为之推明演绎,以至《三礼》《孝经》,下迨屈、韩之文,周、程、张、邵之书,司马氏之史,先正之言行,亦各为之论著。然后帝王经世之规,圣贤新民之学,灿然中兴!

天命、阴阳、鬼神等,仆之愚未足与议,但以大半属圣人所罕言不语者,而必"毫分缕析,如示诸掌",何为也哉?至于推明古人之经书,论著先正之前言往行,此自吾儒学成后余事。学成矣,则用于世以行之;如不用于世,亦可完吾性分以还天地,不著述可也。观其时果有大理未明,大害未除,不得已而有所著述,以望后世之明之除之,亦可也。若文人之文,书生之书,解之论之,则不必矣。乃今以此等推演论著之既明,遂为"帝王经世之规,圣贤新民之学,灿然中兴",不其诬欤?无实功于道统,既不免尧、舜、孔、孟在天者之叹息,又无实征于身世,岂能服当日之人心乎?徒以空言相推,驾一世之上,而动拟帝王圣贤,此伪学之名所从来也!仆尝妄议,宋代诸先儒,明末诸君子,使生唐、虞、三代之世,其学问气节必更别,若只如此，恐亦不免伪学之禁，门党之诛也。但宋、明朝廷既无真将相，草野既无真学术，则正宜用称说《诗》《书》，标榜清流者撑持其衰运，不宜诛之禁之以自速其败亡也。要之似龙骨马，司国柄者不可废崇儒重道之典，而悲天悯人，儒者宜存返己自罪之心。故天下有弑君之臣，杀父之子，无与于孔子也，而孔子惧；天下有无父之墨，无君之杨，非孟子为之也，而孟子惧；盖儒者之悯天下而厚自责如此。况真失学宗以误斯人，则近代之祸，吾儒焉得辞其责哉！

> 朱子曰：敬夫高明，他将谓人都似他，才一说时，便更不问人晓会与否，且要说尽他个。故他门人敏底只学得他说话，若资质不逮，依旧无著摸。某则性钝，读书极是辛苦，故寻常与人言，多不敢为高远之论，盖为是身曾亲经历过，故不敢以是责人耳。《学记》曰："进而不顾其安，使人不由其诚。"今教者之病多是如此。

朱子与南轩一派师友，原只是说话读书度日。较王、何清谈，颇用力于身心；较韩、欧文字，犹规规于理性；白、苏诗酒，既不能仿其矜持；佛、老空虚，又全不及其读讲；真三代后近于儒之学，硗薄气运中不易得之豪杰也。然而身分如此，无能强增。故推奖处，或衬贴以圣贤、道统、躬行、经济之语，至其比长竞短，叙实指事，或推人，或自见，则皆在言词读作之中而无他也。且其病南轩者，恐亦朱子所以自状，但其为失有浅深，遂自以为得中耳。愚尝上书刁文孝，其答书亦不问人之疑与否，只自己说尽。想刁公亦非矜情自见，盖素日所学，原是说话作文，更无他物与人耳。况讲读之学教，即循循有序，亦与《学记》之言时孙者不同。夫"进而不顾其安，使人不由其诚"，所谓"不学操缦，不能安弦；不学博依，不能安诗；不学杂服，不能安礼；不兴其艺，不能乐学"。苟躁速引进而不顾其安，是教人躐等而不诚也，不时不孙也。故法乾上会谓其子九数已熟，甚悦。予曰："且勿令知有乘归法，使之小息，得一受用，方可再进。"正此意也。学者观孟子《深造之以道》《教者必以规矩》诸章，岂诵读讲说之学所可托哉？

> 南轩、伯恭之学皆疏略云云。伯恭说道理，与作为自是两件事，如云："仁义道德与度数刑名，介然为两途，不可相通。"

朱子说"礼、乐、射、御、书、数补填难，且理会道理《诗》《书》"，非是看道理《诗》《书》与礼、乐、射、御、书、数介然为两途乎？只是不肯说明耳。古人云，"不知其人视其友"，观此益信。

> 东莱自不合做这《大事记》。他那时自感疾了，一日要做一年。若不死，自汉武、五季，只千来年，他三年自可了。此文字，人多云其解题煞有工夫，其实他当初作题目，却煞有工夫，只一句要包括一段意。解题只现成，检令诸生写。伯恭病后，既免人事应接，免出做官，若不死，大段做得文字。

可惜一派师友，都是以作文字度日，死生以之！

朱子于南轩、伯恭皆不讳其短，交友之和而不同如此，岂恶闻异己之言哉？至今仕学皆先立党，此所以道愈微，世愈衰。

　　问："子静不喜人论性。"曰："怕只是自己理会不曾分晓，怕人问难，又长大了不肯与人商量，故一截截断。然学而不论性，不知所学何事。"

不喜人论性，未为不是，但少下学耳。朱子好论性，又教人商量性，谓即此是学，则误矣。故陆子对语时每不与说者，中不取也；不取朱子而不思我所见果是，何以不能服此友也。朱子此等贬斥，尤不取陆子；不取陆子而亦不思我所言果是，何以不能服此友也。子曰："察言而观色，虑以下人。"两先生岂未用此功欤！

　　"子静之学，看他千般万般病，只在不知有气禀之杂。"

朱子之学，全不觉其病，只由不知气禀之善。以为学可不自六艺入，正不知六艺即气质之作用，所以践形而尽性者也。

　　"子静说话常是两头明，中间暗，是如何？"曰："是他那不说破处。他所以不说破，便是禅家所谓'鸳鸯绣出从君看，莫把金针度与人。'禅家自爱如此。"

禅家无鸳鸯,也不绣鸳鸯,焉得鸳鸯与人看!

　　"子静说良知良能,四端等处,且成片段,似经语,不可谓
不是。但说人便能如此,不假修为存养,此却不得。譬如旅寓
之人,自家不能送他还乡,但与说云:'你自有田,有屋,大段快
乐,何不便回去?'那人既无资送,如何便回去?又如脾胃受伤
不能饮食之人,却硬将饭将肉塞入他口,不问他吃得吃不得。
若是一顿便理会的,亦岂不好,然非生知安行者,岂有此理?便
是生知安行,也须要学。大抵子思说率性,孟子说存心养性,大
段说破;夫子更不曾说,只说孝弟、忠信、笃敬。盖能如此,则
道理便在其中矣。"

　　陆子说"良知良能,人便能如此,不假修为存养",非是言
"不用修为存养",乃认孟子"先立乎其大者,则其小者不能
夺"二句稍呆,又不足朱子之诵读训诂,故立言过激,卒致朱
子轻之。盖先立其大,原是根本,而维持壅培之无具,大亦岂
易言立也?朱子旅寓人、伤脾胃人二喻,诚中陆子之病,但又
是手持路程本当资送,口说健脾和胃方当开胃进食,即是终年
持说,依然旅寓者不能回乡,伤脾胃者不能下咽也。此所以亦
为陆子所笑,而学宗遂不归一矣。岂若周公、孔子三物之学,
真旅寓者之馈粮车马、伤脾胃者之参术缩砂也哉!
　　既知夫子不说破,前乃讥陆子不说破是"禅家自爱",何也?

　　"子静之说无定,大抵他只是要拗。"

细检之，讲学先生多是拗，只有多少耳。吾儒之道，有一定不易之理，何用拗？只因实学既失，二千年来，只在口头取胜，纸上争长，此拗之所从来也。

> 问："象山道'当下便是'。"曰："看圣贤教人，曾有此等语无？圣人教人，皆从平实地做去云云。又平时告弟子，也须道是'学而时习'，'行有余力，则以学文'。"

圣贤教人，原无象山"当下便是"等语，试看圣贤可曾有先生之学否？"学而时习之"，"行有余力，则以学文"，孔门是学静坐训解否？

> "但有圣贤之言，可以引路。"

"有圣贤之言，可以引路"，今乃不走路，只效圣贤言便当走路。每代引路之言增而愈多，卒之荡荡周道上鲜见其人也。《诗》云："如匪行迈谋，是用不得于道。"此之谓矣。

> 因说子静。云："这个只争些子才差了便如此，他只是差过了；更有一项，却是不及。若是过底拗转来却好，不及底趱向上去便好。只缘他才高了便不肯下，才不及了便不肯向上，过的便道只是就过里面求个中，不及的也道只就不及里面求个中。初间只差了些子，所谓'差之毫厘，谬以千里'。"又曰："某看近日学问，高者便说做天地之外去，卑者便只管陷溺；高

者必入于佛、老,卑者必入于管、商。定是如此,定是如此!"

看朱子叹息他人,真是自以为中,居之不疑矣。若以孔门相较,朱子知行竟判为两途,知似过,行似不及,其实行不及,知亦不及。又叹近日学者"高入佛、老,卑入管、商",愚以为当时设有真佛、老,必更叹朱子之讲读训解为耗神粗迹,有真管、商,必更叹朱子之静坐主敬为寂守无用,恐不能出其上而令两项人受怜也。若吾夫子中庸之道,举其心性,可以使释、道哭,言其作用,可以使管、商惭。倘朱子而幸游其门,见其天高地厚,又岂敢遽自以为是乎! 不得孔子而师,颜、曾而友,此朱子之大不幸也。

"陆氏会说,其精神亦能感发人,一时被他耸动底亦便清明,只是虚,更无底簟。'思而不学则殆',正为无底簟便危殆也。'山上有木,渐;君子以居贤德、善俗',有阶梯而进,不患不到。今其徒往往进时甚锐,然其退亦速。才到退时,便如堕千仞之渊。"

朱子指陆门流弊处,亦所以自状。但朱子会说,又加会解会著,是以耸动愈多,颇有底簟。或问:"读讲著述虽是靠书本,然毕竟经传是把柄,故颇有底簟否?"予曰:"亦是读讲经书,身心有所依据,不至纵放,但亦耗费有用精神,不如陆、王精神不损,临事尚有用也。吾所谓颇有底簟者,盖如讲著此一书,若全不依此书行,不惟无以服人,己心亦难以安,故必略有所行,此处稍有簀底。只因原以讲解为学而以行为衬贴,终不免挂一漏二,即所行者亦不纯熟。不如学而时习,用全副精神,身心道艺,一滚加功,进锐不得,亦退速不得。即此为学,即此为行,即此为教,举而措之,即此为治,真尧、舜宗子,文、周功臣,万世圣贤之规矩也。虽聪明如颜、赐,焉得不叹循循善诱,欲罢不能也哉!焉得不初疑为多学而识,后乃叹性天不可闻也哉!虽退怯如冉求,安得不悦之而终成其艺也哉!悦入程、朱之门,七十子皆流于禅林,二千九百人皆习为训诂矣。呜呼,吾安得一圣门徒众之末而师之也哉!"或问:"宋儒挂一漏二,所行不熟,何处见?"予曰:"如朱子著《家礼》一书,家中亦行礼,至斩丧墨衰出入,则半礼半俗,既废正祭,乃又于俗节墨衰行事,此皆失周公本意。至于妇人,便不与著丧服杖绖之制,祭时妇人亦不办祭殽,至求一监视而亦若不得者,此何说乎?商人尚音,周人尚臭,皆穷究阴阳之秘,祭祀之要典也。诸儒语录讲薰蒿凄怆等,语亦痛切,似知鬼神情状者,至于集礼,乃将笙磬脂膟等皆削去之,如此类不可胜述,不可见哉!"

邵庵虞氏曰:孟子没千五百年而周子出。河南两程夫子云云,程门学者笃信师说,各有所奋力以张皇斯道。奈何世运衰微,民生寡佑,而乱亡随之矣!悲夫!

许多圣贤张皇斯道下,却继之曰:"而乱亡随之矣!"是何缘故?何其言而不思如此!

　　草庐吴先生继许文正公为祭酒,六馆诸生以次授业。昼退堂后寓舍,则执经者随而问业。先生恳恳循循,其言明白痛切,因其才质之高下,闻见之浅深,而开道诱掖之云云。一时皆有所观感而兴起矣。尝与人曰:"天生豪杰之士不数也。夫所谓豪杰之士,以其知之过人,度越一世而超出等夷也。战国之时,孔子之徒党尽矣,充塞仁义若杨、墨之徒又滔滔也,而孟子生乎其时云云,真豪杰之士哉!至于周、程、张、邵一时迭出,非豪杰孰能与于斯?又百年,子朱子集诸子之大成,则中兴之豪杰也。以绍朱子之统自任者,果有其人乎?"

　　恳恳循循,讲论不倦,每至夜半,且寒暑不废,其功可谓勤且苦矣,果有益于世乎,果成起一班人材乎?至其自负,亦不过"知之过人,度越一世"而已。朱子曰:"此道不拚生尽死理会终不解。"是其立志成功已不过如此。但朱子眼颇高,不肯明以自任,元儒识更下,故直出口而不觉,不足异也。所可异者,所见既小,而以为孟子亦只如此,则亦浅之乎言豪杰,易言道统矣!

卷 四

性 理 评

程子曰：古人虽胎教与保傅之教，犹胜今日庠序、乡党之教。古人自幼学，耳目游处所见皆善，至长而不见异物，故易以成就。今日自少所见皆不善，才能言便习秽恶，日日铄销，更有甚天理！

既知少时缺习善之功，长时又习于秽恶，则为学之要在变化其习染，而乃云"变化气质"，何也？

勿谓小儿无记性，所历事皆能不忘。

所历事皆不忘，乃不教之历事，何也？

如养犬者不欲其升堂，则时其升堂而扑之；若既扑其升堂，又复食之于堂，则使孰从？虽日挞而求其不升，不可得也。

养异类且然,而况人乎? 故养正者圣人也。

先生倡明道学,病天下之空寂而尚浮文也,乃废周公、孔子六艺而贵静坐读书,不几扑其升堂又食于堂乎? 虽日挞而求其不空寂浮文,何可得也? 养正之功,或不若是。

> 朱子曰:古者初年入小学,只是教之以事,如礼、乐、射、御、书、数及孝弟忠信之事。自十六七入大学,然后教之以理,如致知格物及所以为孝弟忠信者。

既言此,何不学古人而身见之? 要之,孔门称古昔,程、朱两门亦称古昔,其所以称者则不同也。孔门是身作古人,故曰"吾从周";二先生是让与古人,故曰"是难"。孔门讲礼乐,程、朱两门亦讲礼乐,其所以讲者则不同也。孔门是欲当前能此,故曰"礼乐君子不斯须去身";二先生是仅欲人知有此,故曰"姑使知之"。

> 古人自入小学时,已自知许多事了,至入大学时只要做此功夫;今人全未曾知。古人只去心上理会,至于治天下皆自心中流出;今人只去事上理会。

朱子叹人全未曾知,恐朱子亦未知之如渴饮饥食。如所云"古人入小学已知许多事,入大学只做此功",何其真切也! 而下文"古人心上理会","今人事上理会"之语,又与上文自相混乱矣。

> 古人便都从小学中学了，所以大来都不费力。如礼、乐、射、御、书、数，大纲都学了，及至长大，也更不大段学，便只理会致知穷理功夫。而今自小失了，要补填实是难；但须庄敬笃实，立其基本，逐事逐物理会道理，待此通透，意诚心正了，就切身处理会，旋旋去理会。礼、乐、射、御、书、数，也是合当理会的，皆是切用；但不先就切身处理会道理，便教考究得些礼文制度，又干自家身己甚事？

"要补填"三字，见之大快，下却云"难"，是朱子学教之误，其初只是畏难而苟安。

> 古人小学教之以事，便自养得心，不知不觉自好了；到得渐长，渐更历通达事物，将无所不能。今人既无本领，只去理会许多闲骨董，百方措置思索，反以害心。

既如此，何故说上段话？可怪，可怪！

> 古人自能食能言便已教了，一岁有一岁工夫。到二十时，圣人资质已自有二三分。

此周公以人治人，使天下共尽其性之道，所以圣贤接踵，太和在成周宇宙间者也。朱子知之而不学之，岂不可惜？然

愚于此二段,深幸《存学》之不获罪于朱子矣!

　　如今全失了小学工夫,只得教人且把敬为主,收敛身心,却方可下工夫。或云敬当不得小学,某看来小学却未当得敬。

敬字字面好看,却是隐坏于禅学处。古人教洒扫即洒扫主敬,教应对进退即应对进退主敬,教礼、乐、射、御、书、数即度数、音律、审固、磬控、点画、乘除莫不主敬。故曰"执事敬",故曰"敬其事",故曰"行笃敬",皆身心一致加功,无往非敬也。若将古人成法皆舍置,专向静坐、收摄、徐行、缓语处言主敬,乃是以吾儒虚字面做释氏实工夫,去道远矣。或云"敬当不得小学",真朱子益友,惜其未能受善也。

　　尝训其子曰:起居坐立,务要端庄,不可倾倚,恐至昏怠。出入趋步,务要凝重,不可儇轻,以害德性。以谦逊自牧,以和敬待人。凡事切须谨饬,无故不须出入。少说闲话,恐废光阴;勿看杂书,恐分精力。早晚频自检点所习之业。每旬休日,将一旬内书温习数过,勿令心少有佚放,则自然渐近道理,讲习易明矣。

先生为学得力处,备见训子一书,故详录之。充此气象,原有非俗儒文士所可及者,然孔门学者果如斯而已乎?是在有志实学者自辨之。

问:"《小学》载乐一段,不知今日能用得否?"曰:"姑使
知之。古人自小即以乐教之,乃是人执手提诲,到得大来,涵
养已就,稍能自立便可。今人既无此,非志大有所立,因何得
成立?"

孟子曰:"我知言。"盖言者,心声也,故一言而觇其终身,
不可掩也。况朱子大儒,亦不自掩,固昭然可见者。如人问
《小学》载乐不知今日能用之否,何不答曰:"书上所有都是要
用,不用,载之何为?"而乃曰"姑使知之"。然则平日讲学,
亦不过使人知之而已,亦不过使人谓我知之而已。

因论小学曰:"古者教必以乐,后世不复然。"问:"此是作
乐使之听,或其自作。"曰:"自作。若自理会不得,人作何益!
古者国君备乐,士无故不去琴瑟。日用之物,无时不备于前。"

言之亲切如此,只不肯自做主意,作后世引路人,不作前
圣接迹人。岂知历代相接,都作引路人哉! 此人人说引路之
言而圣人之正路益荒也。

前贤之言,都是佩服躬行,方始有功。不可只如此说过,
不济事。

不知是自悔语,是责人语,但将"博学之"改为"博读书,
博作文",便不似圣门"佩服躬行"旧传受。

朱子数则，知之真矣，而不行，何哉？

东莱吕氏曰：教小儿先以恭谨，不轻忽，不躐等。读书乃余事。

佳。
先生辈何为只作余事？

临川吴氏曰：古之教者，子能食而教之食，子能言而教之言。欲其有别也而教之异处，欲其有让也而教之后长，因其良知良能而导之，而未及乎读诵也。教之数，教之方，教之日，与夫学书计，学幼仪，则既辨名物矣，而亦非事乎读诵也。弟子之职，曰孝，曰弟，曰谨，曰信，曰爱，曰亲，行之有余力而后学文。今世童子甫能言，不过教以读诵而已，其视古人之教何如也！

草庐叙古教法，两言非事读诵，又曰："今世童子，不过教以读诵而已，其视古人之教何如也！" 其言一若甚厌夫读诵之习者。五季之余，武臣司政，民久不见儒生之治，世久不闻《诗》《书》之声。积废之极而气数一返，周、程、张、朱适逢其会，以诵读《诗》《书》，讲解义理为倡，又粗文以道德之行，真不啻周公、孔子复出矣。此所以一树赤帜而四海望之，一登高呼而数世应之，呜呼盛哉！而流不可返、坏不可救之祸，实伏于此。吴氏亦犹行宋儒之道者，而出言不觉至是，盖诵读之焰已毁而举世罔觉,又不容不露其几也。而吾所甚惧,正在此几也。文盛之极则必衰,文衰之返则有二:一是文衰而返于实,则天下厌文之心,必转而为喜实之心,乾坤蒙其福矣。达而在上,则为三代,即穷而在下,如周末文衰,孔子转之以实,虽救之未获全胜,犹稍延二百年吾儒之脉。不然,焚坑之祸,岂待秦政之时哉?一是文衰而返于野,则天下厌文之心必激而为灭文之念,吾儒与斯民沦胥以亡矣。如有宋程、朱党伪之禁,天启时东林之逮狱,崇祯末献忠之焚杀,恐犹未已其祸也,而今不知此几之何向也。《易》曰:"知几其神乎!"余曰:"知几其惧乎!"

程子曰:解义理若一向靠书册,何由得居之安,资之深?不惟自误,兼亦误人。

真语。

古之学者,优柔餍饫,有先后次序;今之学者,却只做一场话说,务高而已。

知及此矣,其教及门,乃亦未见古人先后次序,不又作话说一场而已哉?

今之学者,往往以游、夏为小,不足学;然游、夏一言一事,却总是实。

程子虽失圣门成法，而胸中所见犹实，故其言如此。朱子去此则又远矣。

> 问："如何学可谓有得？"曰："大凡学问，闻之知之皆不为得。得者，须默识心通。学者欲有所得，须是诚意烛理。"

程、朱言学至肯綮处，若特避六艺、六府之学者，何也？如此段言"闻之知之皆不为得"，可谓透宗语矣。下何不云"得者须履中蹈和，躬习实践，深造以六艺之道，乃自得之也"？乃云"须默识心通"，不仍是知之乎？

> 进学莫大于致知，养心莫大于理义。古人所养处多，若声音以养其耳，舞蹈以养其血脉，今人都无；只有义理之养，人又不知求。

学之患莫大于以理义让古人做。程、朱动言古人如何如何，今人都无，不思我行之即有矣。虽古制不获尽传，只今日可得而知者尽习行之，亦自足以养人。况因偏求全，即小推大，古制亦无不可追者乎！若只凭口中所谈、纸上所见、心内所思之理义养人，恐养之不深且固也。

> 学贵乎成；既成矣，将以行之也。学而不能成其业，用而不能行其学，则非学矣。

程子论学颇实，然未行其言也。夫教者之身，即所以教也,其首传所教者,即教者之身也。试观程门,学成其业乎? 用行其学乎? 孔子摄相而鲁治,冉、樊为将而齐北。二程在朝而宋不加治,龟山就征而金人入汴,谓之学成用行,吾不信也。

今之学者有三弊:溺于文辞,牵于训诂,惑于异端。苟无此三者,则必求归于圣人之道矣。

可叹三弊误此乾坤! 先生濯洗亦未甚净,故其流远而益差也。向尝谓程、朱与孔、孟各是一家,细勘之,程与朱亦各是一家。

张子曰:在始学者,得一义须固执,从粗入精也。又曰:若始求甚深,恐自兹愈远。又曰:但扫拂去旧日所为,使动作皆合于礼。

张子以礼为重,习而行之以为教,便加宋儒一等。

既学而有先以功业为意者,于学便相害;既有意,便穿凿创意作起事也。德未成而先以功业为事,是代大匠斫,希不伤手也。

所学既失其宗,又将古人成法说坏。试观《大学》之道,才言"明德",即言"亲民",焉得云无意于功业? 且入学即是要作大匠,乌得谓之"代大匠斫"? 仆教幼学道艺,或阻之曰："不可，今世不如此。"予曰："但抱书入学，便是作转世人，不是作世转人。但不可有者，躁进干禄、非位谋政之心耳。"

上蔡谢氏曰：学须是熟讲，学不讲，用尽工夫只是旧时人。"学之不讲，是吾忧也"，仁亦在夫熟而已。

子云"学之不讲"，是博学矣，又当审问、慎思、明辨以讲之。若非已学，将执何者以讲乎？今徒讲而不学，误矣！

颜子工夫，真百世规范，舍是更无入路，无住宅。

极是！

龟山杨氏曰：今之学者，只为不知为学之方，又不知学成要何用。此事体大，须是曾著力来，方知不易。夫学者，学圣贤之所为也云云。若是只要博通古今，为文章，作忠信愿悫，不为非义之士而已，则古来如此等人不少，然以为闻道则不可。且如东汉之衰，处士逸人与名节之士有闻当世者多矣，观其作处，责之以古圣贤之道，则略无毫发仿佛相似。何也？以彼于道初无所闻故也。今时学者，平居则曰'吾当为古人之所为'，才有一事到手，便措置不得。盖其学以博通古今，为文章，或志于忠信愿悫，不为非义而已，不知须是闻道。

诸先生自负闻道矣。愚以为责之以古圣贤之道，亦未尽仿佛也。即如先生当汴京垂亡之际，轻身一出，其所措置，徒见削夺荆公配飨，说道学话而已。

　　验之于心而不然，施之于行事而不顺，则非所谓经义。今之治经者，为无用之文，徼幸科名而已，果何益哉？

仆谓为学者与此较则陋矣，何不与尧、舜、伊、周、孔、孟较？

　　学而不求诸孔、孟子言，亦末矣。《易》曰："君子多识前言往行，以畜其德。"孟子曰："博学而详说之，将以反说约也。"

多识自不可废，博学乃只多读书乎？

　　颜渊"请问其目"，学也；"请事斯语"，则习矣。学而不习，徒学也。譬之学射而至于彀，则知所学矣；若夫承桢而目不瞬，贯虱而县不绝，由是而求尽其妙，非习不能也。

颜子"请问"，亦仍是问，未可谓之学；"请事斯语"，学也；"欲罢不能，进而不止"，乃习矣。龟山一字之误，未为甚差。但说学必宜习之理最透，而未见其习者，无他，习其所习，非孔门所谓习也。

　　延平李氏曰：学问之道不在多言，但默坐澄心，体认天理，若真有所见，虽一毫私欲之发亦退听矣。久久用力于此，庶几渐明，讲学始有力耳。

试观孔、孟曾有"静坐澄心，体认天理"等语否？然吾亦非谓全屏此功也。若不失周、孔六艺之学，即用此功于无事时亦无妨。但专用力于此，以为学问根本，而又以讲说为枝叶，则全误矣。

孔门诸子，群居终日，交相磋切，又得夫子为之依归，日用之间，观感而化者多矣；恐于融释而脱落处，非言说所及也。不然，子贡何以言"夫子之言性与天道不可得而闻也"耶？

何不思孔门群居终日是作何事？何不思"性天不可闻"是何主意？乃动思过子贡以上耶！以孔子之道律之，恐有宋诸先生不免为"智者过之"一流。

朱子曰：今之为学甚难，缘小学无人习得，如今却是从头起。古人于小学小事中便皆存个大学大事得道理在，大学只是推将开阔去。向来小时做得道理存其中，正似一个坯素相似。

余谓何难之有，只不为耳。即将艺之小者令子弟之幼者习之，艺之大者令子弟之长者习之，此是整饬身体，涵养性情实务。正心诚意非精，府修事和非粗。乃诸先生只悬空说存养而不躬习其事，却说难，却说今日小学全失，无人习。如此而言格致诚正修齐治平，皆虚而无据矣。然则岂惟小学废，大学不亦亡乎？而乃集《小学》也，注《大学》也，何为也哉！

　　读书如炼丹，初时烈火煅煞，然后渐渐慢火养，又如煮物，初时烈火煮了，却须慢火养。读书初勤敏著力，子细穷究，后来却须缓缓温寻，反复玩味，道理自出。又不得贪多欲速，直须要熟，工夫自熟中出。

朱子论学只是论读书，但他处多入"理会道理""穷理致知"等字面，不肯如此分明说。试看此处直言之如此十分精彩，十分有味，盖由其得力全在此也。夫读书乃学中之一事，何为全副精神用在简策乎！

　　学者只是不为己，故日间此心安顿在义理上时少，安顿在闲事上时多，于义理却生，于闲事却熟。

只因废失六艺，无以习熟义理，不由人不习熟闲事也。今若一复孔门之旧，不惟好色好货一切私欲无从参，博弈诗酒等自不为，即诵读、训诂、著述、文字等事亦自无暇。盖圣人知人不习义理便习闲事，所以就义理作用处制为六艺，使人日习熟之。若只在书本上觅义理，虽亦羁縻此心，不思别事，但放却书本，即无理会。若直静坐，劲使此心熟于义理，又是甚难，况亦依旧无用也。

　　或问:"为学如何做工夫?"曰:"不过是切己便的当。此事自有大纲,亦有节目云云。然亦须各有伦序。"问:"如何是伦序?"曰:"不是安排此一件为先,此一件为后,此一件为大,此一件为小。随人所为,先其易者,阙其难者,将来难者亦自可理会。且如读书,《二礼》《春秋》有制度之难明,本末之难见,且放下未要理会亦得;如《诗》《书》,直是不可不先理会云云。圣贤言语,何曾误天下后世? 人自学不至耳。"

　　或问"为学如何做工夫",又问"如何是伦序",皆最切之问。朱子乃只左支右吾,说皮面语。大纲节目数语,尚可敷衍;至于"不是安排此一件为先,此一件为后,此一件为大,此一件为小",便是糊混。夫古人教法,某年舞《勺》,某年舞《象》,某年习幼仪,某年学礼,何尝不是安排一定,孰先孰后,孰大孰小哉? "知所先后",《大学》又明言之矣。糊混几句,已又说归读书,读书又不教人理会制度等事,姑教避难取易。夫理会制度,已畏其难矣,况取其所谓制度者而身习之,身精之乎? 此等语若出他人口,朱子必灼见其弊而力非之。师望既高,信口说去,不自觉如此,却说"圣贤言语,何曾误天下后世"。夫圣贤言语,谁曾道误天下后世? 其误天下后世者,乃是不从圣贤言语耳。夫"学而时习之",是鲁《论》第一言,尚且不从,况其余乎?

　　尝阅《左传》,至简子铸刑鼎,孔子叹曰:"晋其亡乎,失其度矣!"以为晋之亡在任刑威耳。而下文乃曰:"民在鼎矣,何以尊贵? 贵何业之守?"盖其失不在刑书而在铸刑书于鼎。

夫法度操于人，则民知范吾功罪者，吾上也；司吾生死者，吾上也；时而出入轻重以为平允者，皆吾上也。天下懔王，一国懔君，一狱懔吏。士农工商罔敢愆于职中、逸于职外者，惟吾上是神是严也。而上下定矣，贵贱辨矣，贤德彰矣。今铭在鼎，则国人必将以鼎为依据，而不知受法于天者王，守法者君，序守者卿大夫百执事，是使之忽人而重鼎。民不见所尊，必将不遵其度，不遵其度，必不守其业，故曰"何以尊贵，何业之守"也。贵贱无序，何以为国？嗟乎！简子但以刑书铸于鼎而孔子知其亡，况汉、宋之儒全以道法摹于书，至使天下不知尊人，不尚德，不贵才，而曰"宰相必用读书人"，不几以守鼎吏为政乎？其所亡又岂止一晋乎？是以至此极也。非孔子至圣，孰能见铸鼎之弊乎？吾愿天下急思孔子之言，吾愿上天急生孔子之人也。

存治编

序

　　唐、虞、三代复见于今日乎？吾不得而知也；唐、虞、三代不复见于今日乎？吾不得而知也。谓复见于今，则汉、唐、宋、明以来政术风俗奚为而日降？谓不复见于今，彼古圣贤之所谓"人定胜天""挽回气运"者果何物哉？宜吾习斋先生俯仰而三叹也！

　　七制而后，古法渐湮，至于宋、明，徒文具耳，一切教养之政不及古帝王。而其最堪扼腕者，尤在于兵专而弱，士腐而靡，二者之弊不知其所底。以天下之大，士马之众，有一强寇猝发，辄鱼烂瓦解，不可收拾。黄巢之起，洗物淘城；李自成、张献忠如霜风杀草，无当其锋者，官军西出，贼已东趋川、陕、楚、豫，至于数百里人烟断绝。三代田赋出甲，民皆习兵，虽承平日久，祸起仓卒，亦断不至如此其惨也。士子平居诵诗书，工揣摩，闭户伛首如妇人女子；一旦出仕，兵刑钱谷渺不知为何物，曾俗吏之不如，尚望其长民辅世耶？三物宾兴之世，学即所用，用即所学，虽流弊不至于此，又何怪乎先生之俯仰而三叹也！

先生自幼而壮,孤苦备尝,只身几无栖泊;而心血屏营,则无一刻不流注民物,每酒阑灯炧,抵掌天下事,辄浩歌泣下。一日,与塨语,胞与淋漓,塨不觉亦堕泪。先生跃起曰:"此仁心也。吾道可传矣!"是以比年从游,勤有启示。塨因得粗知其略,以为贤君相用之自有润泽,而大纲所在,足为万世开太平者,则百虑不易也。使先生早有为于世,唐、虞、三代于于然而来也,不宁快甚!乃今双鬓颁白,尚托空言,岂天未欲治平耶?抑将用之于衰老时耶?亦使先生开其端,而更待夫后人耶?吾复不能知之矣。

康熙二十八年己巳,孟夏吉旦,蠡吾门人李塨顿首拜撰。

王　道

昔张横渠对神宗曰:"为治不法三代,终苟道也。"然欲法三代,宜何如哉?井田、封建、学校,皆斟酌复之,则无一民一物之不得其所,是之谓王道。不然者不治。

井　田

或问于思古人曰:井田之不宜于世也久矣,子之《存治》,尚何执乎?曰:噫,此千余载民之所以不被王泽也!夫言不宜者,类谓亟夺富民田,或谓人众而地寡耳。岂不思天地间田宜天地间人共享之,若顺彼富民之心,即尽万人之产而给一人,所不厌也。王道之顺人情,固如是乎?况一人而数十百顷,或数十百人而不一顷,为父母者,使一子富而诸子贫,可乎?

又或者谓画田生乱。无论至公服人,情自辑也;即以势论之，国朝之圈占，几半京辅，谁与为乱者？

　　且古之民四，而农以一养其三；今之民十，而农以一养其九；未闻坠粟于天，食土于地，而民亦不饥死，岂尽人耕之而反不足乎？虽使人余于田，即减顷而十，减十而亩，吾知其上粪倍精，用自饶也；况今荒废至十之二三，垦而井之，移流离无告之民，给牛种而耕焉，田自更余耳。故吾每取一县，约其田丁，知相称也。尝妄为图以明之。

　　所虑者，沟洫之制，经界之法，不获尽传。北地土散，恒恐损沟，意夏禹尽力沟洫，必有砖炭砌涂之法。高低坎邑，不便均画。然因时而措，触类而通，在乎人耳。沟无定而主乎水，可沟则沟，不可则否；井无定而主乎地，可井则井，不可则均。至阡陌庐舍，古虽有之，今但可植分草以代阡陌，为窝铺以代庐舍，横各井一路以便田车，中十井一房，以待田畯可也。

　　有圣君者出，推此意而行之，搜先儒之格议，尽当代之人谋，加严乎经界之际，垂意于厘成之时，意斯日也，孟子所谓"百姓亲睦"，咸于此征焉。游顽有归，而士爱心臧，不安本分者无之，为盗贼者无之，为乞丐者无之，以富凌贫者无之，学校未兴，已养而兼教矣。休哉，荡荡乎！故吾谓教以济养，养以行教，教者养也，养者教也，非是谓与？

井田经界之图

　　方一里图：画界一小区，方十步，每行长算十里，共三百六十里，该十二万九千六百步，合五百四十亩。

井田经界图说

孟子云："方里而井，井九百亩。"吾所以明井制必明里制也。周制，三百步为一里，百步为一亩，六尺为一步，每步长今步一尺，则三百步为里者，即今三百六十步之数也。然考之文，问之献，又多异说，且谓周尺仅今七寸强。要之，不若即以今里、今亩、今步尺为准为甚明，且亦夫子从周之义也。以今里推之，方里之地，合该十二万九千六百步。周之九百亩，当今五百四十亩（今二百四十步为亩），每区六十亩，内公外私。若田饶处，除公田内六亩给八家为场圃、庐舍，田窄给三亩为窝铺，其地亦可桑。又通各井两端为田车之路，宜纵者纵，宜横者横，随邑人出入之便。十里一房，以处田畯。不云厅堂者，盖田畯宜游井以劝，此直暂息，不成其所也。

方百里图

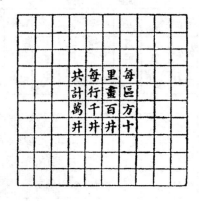

方百里图：四面皆百里，伯国之封地也。

方百里图说

公侯皆方百里，古也，何必图？以古制久湮，人辄谓田少，故图之以示田足也。一区方十里，当百井，一行方十里者十，当千井，共该一万井也。即除坟邑、山川、林路，约天下之大势，或有山川或无山川者增补言之，各百里内亦不减八千井，一井八家，共该六万四千家。吾知百里内之人民，去二十以下及六十以上者，亦不过六七万丁而已，即或人浮于田，一区二夫，一夫受二十七亩，亦足用也。又就《孟子注》徐氏所识田禄推之，大国之君取三百二十井，卿取三十二井，大夫八，上士四，中士二，下士一，共该三百六十七井。推之大国三卿、五下大夫、二十七上士，他官府史悉计之，交邻、宗庙、优宾、礼贤、抚幼、养老、柔旅、劝工、补春、助秋等事，以及邑宰、庶人在官，约不至八千井而用足矣。余则别一贮，名曰"工仓"，诸侯不得擅开；王巡则以补助庆功，大凶则侯请以赈，三岁一散陈。又，十井一长，百井一百长，千井一千长，二千井一邑宰，一佐士。宰禄视大夫，佐士视上士，千长视中士，百长视下士，十长无禄。此方百里之大率也。天子之千里，侯之五十里，俱可推知，第王臣之禄重耳。

治　赋

慨自兵农分而中国弱，虽唐有府兵，明有卫制，固欲一之，迨于其衰，顶名应双，皆乞丐、滑棍，或一人而买数粮，支点食银，人人皆兵，临阵遇敌，万人皆散。呜呼！可谓无兵矣，岂止分之云乎？即其盛时，明君贤将理之有法，亦用之一时，非久道也。况兵将不相习，威令所摄，其为忠勇几何哉！

间论王道，见古圣人之精意良法，万善皆备。一学校也，教文即以教武；一井田也，治农即以治兵。故井取乎八而陈亦取乎八。考之他书，类谓其法创自黄帝，备于成周，而以孔明之八陈实祖之。但帝王之成法既不可见，武侯之遗意又不得其传，后世亦焉得享其用哉！

窃不自揣，觉于井田法略有一得，敢详其治赋之要有九，治赋之便有九：

一曰预养。饥骥而责千里则愚；上宜菲供膳，薄税敛，汰冗费，以足民食。一曰预服。婴儿而役贲、育则怒；井之贤者为什，什之贤者为长，长之贤者为将，以平民情。一曰预教。

简师儒，申孝弟，崇忠义，以保民情。一曰预练。农隙之时，聚之于场。时，宰士一较射艺；月，千长一较；十日，百长一较；同井习之不时。一曰利兵。甲胄、弓刃精利者，官赏其半直，较艺贤者庆以器。一曰养马。每井马二，公养之，彷北塞喂法。操则习射，闲则便老行，或十百长有役乘之。一曰治卫。每十长，一牌刀率之于前，九人翼之于后；器战之法具《纪效新书》。一曰备羡。八家之中，四骑四步。供役不过各二人，余则为羡卒，以备病、伤或居守。一曰体民心。亲老无靠不卒，老弱不卒。出戍给耕，不税；伤还给耕，不税；死者官葬。九者，治赋之要也。

一曰素练。陇亩皆陈法，民恒习之，不待教而知矣。一曰亲卒。同乡之人，童友日处，声气相喻，情义相结，可共生死。一曰忠上。邑宰、千百长，无事则教农、教礼、教艺，为之父母；有事则执旗、执鼓、执剑，为之将帅；其孰不亲上死长？一曰无兵耗。有事则兵，无事则民，月粮不之费矣。一曰应卒难。突然有事，随地即兵，无征救求援之待。一曰安业。无逃亡反散之虞。一曰齐勇。无老弱顶替之弊。一曰靖奸。无招募异域无凭之疑。一曰辑侯。无专拥重兵要上之患。九者，治赋之便也。

至于陈法：八千长率之于前，四邑将督之于后。左战而右翼之，则左正而右奇；右战而左翼之，则右正而左奇。前后之相应，内外之相接，无非前，无非后，无非左，无非右，无非正，无非奇，如循环，如鬼神，如天地。分张之，可围敌之弱，合冲之，可破敌之坚；敌攻之不可入，入之不可出；居则为营，战则为陈；亦乌可测其端,乌可穷其用也哉!

八陈图说图失

古伯国三万二千全军之陈也。纲目皆井形,表圆象天,里方象地,中军象太极,四角象四象,八陈象八卦,旗帜五色象五行。南方火则旗红；左旗镶青者,以火之于木相从也；青宜镶黑,而白之者,取易辨之也；黑宜白,而红之者,别于青也。凡千长所率二千卒；每百长一小旗,从其将旗,中必异色,书长姓,姓同书字；四邑将皆绣绒旗,又各备一方绣旗。一面当敌,则二邑督四路之兵；如四面当敌,则佐士与邑将分督八路之兵。一面当敌,左右者应之,余则皆否。如"天鸟"出战,"云虎"即为两翼,"风龙""地蛇"各安其位是也。战者战而守者守,如八表皆战,而八里不动是也。下此而万六千,或三千二百,或一千六百,神而明之,在乎人耳。

学　校

或问于思古人曰：自汉高致牢阙里,历代优意黉宫,建教训之官,有卧碑之设,何尝不存心学校也? 似不待子计矣。思古人曰：嗟乎,学校之废久矣! 考夏学曰"校",教民之义也。今犹有教民者乎? 商学曰"序",习射之义也。今犹有习射者乎? 周学曰"庠",养老之义也。今犹有养老者乎?

且学所以明伦耳。故古之小学教以洒扫应对进退之节,大学教以格致诚正之功,修齐治平之务,民舍是无以学,师舍是无以教，君相舍是无以治也。迨于魏、晋，学政不修，唐、宋诗文是尚。其毒流至今日，国家之取士者，文字而已，贤宰师之劝课者，文字而已，父兄之提示，朋友之切磋，亦文字而已，不则曰"诗"，已为余事矣。求天下之治，又乌可得哉？

　　有国者诚痛洗数代之陋，用奋帝王之猷，俾家有塾，党有庠，州有序，国有学，浮文是戒，实行是崇，使天下群知所向，则人材辈出，而大法行，而天下平矣，故人才王道为相生。倘仍旧习，将朴钝者终归无用，精力困于纸笔；聪明者逞其才华，《诗》《书》反资寇粮。无惑乎家读尧、舜、孔、孟之书，而风俗愈坏；代有崇儒重道之名，而真才不出也。可胜叹哉！

　　《周礼·大司徒》："以乡三物教万民而宾兴之：一曰六德，知、仁、圣、义、忠、和。二曰六行，孝、友、睦、姻、任、恤。三曰六艺，礼、乐、射、御、书、数。"

　　《乡大夫》："三年则大比，考其德行、道艺，而兴贤者、能者。乡老及乡大夫帅其吏与其众寡，以礼礼宾之。厥明，乡老及乡大夫、群吏献贤能之书于王，王拜受之，登于天府，内史贰之。"书其副本。

　　邱氏曰："成周盛时，用乡举里选之法以取士。二十五家为闾，闾有胥；闾胥则书其敬、敏、任、恤者。百家为族，族有师；族师则书其孝、弟、睦、姻、有学者。五百家为党，党有正；党正则书其德行、道艺。二千五百家为州，州有长；州长则考其德行、道艺而劝之。万二千五百家为乡，乡有大夫；则三年大比，考其果有六德、六行而为贤，通夫六艺之道而为能，则是能遵大司徒之教而成材矣。于是乡老及乡大夫帅胥、师、正、长之属，合闾、旅、州、党之人，行乡饮之礼，用宾客之仪以兴举之，书其氏名于简册之中，献其所书于天府之上。天子拜而受之，以贤才之生，乃上天所遗，以培植国家元气者也。"

《王制》："命乡论秀士，升之司徒，曰选士。司徒论选士之秀者而升之学，曰俊士。升于司徒者，不征于乡；升于学者，不征于司徒；曰造士。……大乐正论造士之秀者，以告于王而升诸司马，曰进士。司马辨论官材，论进士之贤者，以告于王而定其论。论定，然后官之；任官，然后爵之；位定，然后禄之。"

封　建

或问于思古人曰：世风递下，人心日浇，以公治之而害伏，以诚御之而奸出。是以汉之大封同姓，亦成周伯叔诸姬之意，而转目已成反畔；唐之优权藩镇，仅古人甥舅伯侯之似，而李社即以败亡。故宋鼎既定，盏酒以敬勋臣；明运方兴，亦世官而酬汗马。非故惜茅土也，诚以小则不足藩维，大则适养跋扈，封建之难也。子何道以处之，可使得宜乎？

思古人曰：善哉问！此不可以空言论也。先王遗典，封建无单举之理，大经大法毕著咸张，则礼乐教化自能潜消反侧，纲纪名分皆可预杜骄奢，而又经理周密。师古之意，不必袭古之迹。

使十侯而一伯。侯五十里，一卿，二大夫，三士；卿，天子命之。伯百里，一卿，三大夫，六士；卿与上大夫亦天子命之。侯畜马二十五，甲士与称；伯畜马五十，甲士亦称，有命乃起田卒焉；边侯、伯，士马皆倍其畜，有事乃起田卒焉。侯庶不世爵禄，视其臣而以亲为差；侯臣不世邑采，取公田而以位计数；伯师不私出，列侯不私会。如此者，有事则一伯所掌二十万之师，足以藩维，无事而所畜士马不足并犯。封建亦何患之有？况三代建侯之善，必有博古君子能传之者，用时又必有达务王佐能因而润泽者，岂余之寡陋所能悉哉？第妄谓非封建不能尽天下人民之治，尽天下人材之用尔。

后世人臣不敢建言封建，人主亦乐其自私天下也，又幸郡县易制也，而甘于孤立，使生民社稷交受其祸，乱亡而不悔，可谓愚矣。如六国之势，识者尝言韩、魏、赵为燕、齐、楚之藩蔽，嬴氏蚕食，楚、齐、燕绝不之救，是自坏其藩蔽也。侯国且如此，以天下共主，可无藩蔽耶？层层厚护，宁不更佳耶？《板》之诗云："大邦维屏，宗子维城，无俾城坏，无独斯畏。"道尽建侯之利，不建侯之害矣。如农家度日，其大乡多邻而我处其中之为安乎，抑吞邻灭比而孤栖一蕞之为安乎？

况此乾坤，乃自尧、舜、夏、商、周诸圣君、圣相开物成务，递为缔造而成者也；人主享有成业，而顾使诸圣人子孙无尺寸之土，魂灵无血食之嗣，天道其能容耶？身为天子，皆其历世祖功宗德，上邀天眷；顾不能覃恩九族，大封同姓，而仅仅一支私其富贵，宗庙其无怨恫耶？创兴之际，攀龙附凤，或运帷幄，或功汗马，主臣同忧劳，共生死；一旦大业既成，不与之承天分地,为山河带砺之盟,勋旧其何劝耶?

凡诸大义皆不遑恤,而君不主,臣不赞,绝意封建者,不过见夏、商之亡于诸侯与汉七国、唐藩镇之祸而忌言之耳。殊不知三代以封建而亡,正以封建而久;汉、唐受分封藩镇之害,亦获分封藩镇之利。使非封建,三代亦乌能享国至二千岁耶?夏以有仍再造,商有西伯率叛服殷,周则桓、文主盟尊王,周、召共和不乱。四百也,六百也,八百也,递渐益长,是皆服卫叠叠,星环棋布,隐摄海外之觊觎,秘镇朝阙之奸回,有以辅引王家天祚也;以视后日之一败涂地,历数日短者,封建亦何负人国哉?

即以三代败亡论,受命者犹然我先王之股肱甥舅也,列辟无恙,三恪世修,失天下者仍以一国封之,是五帝、三王有数百年之天下,而仍有千万年不亡之国也。使各修天子礼乐,事则幡之,丧则拜之,客而不臣,是五帝、三王有千万年不亡之国,即有千万年不降之帝王也。猗欤休哉!守此不替,有天下者谁不胥受其福乎?

且君非桀、纣,谁敢犯天下共主,来天下之兵耶?侯非汤、武,谁能合千八百国而为之王耶?君非桀、纣,其亡难也;侯非汤、武,王之难也;故久而后失之也。即君果桀、纣而侯果汤、武矣,本国之积仓自足供辎重,无俟掠人箱困,炊人梁栋也;一心之虎贲从王之与国,自足以奉天伐暴,无俟挟房丁壮,因而淫携妇女也!南巢、牧野,一战而天命有归,无俟于数年数十年之兵争而处处战场也!耕者不变而市者不止,不至于行人断绝而百里无烟火也;王畿鼎革而天下犹有君,不至于闻京城失守而举世分崩，千百成群，自相屠抢，历数年不能定也；王者绥定万邦而屡有丰年，不至于耕种尽废，九有荡然，上干天和，水旱相仍，历三二世不能复也。盖民生天地，咸沐封建之泽，无问兴亡，皆异于后世如此。

而秦人任智力以自雄，收万方以自私，敢于变百圣之大法，自速其年世，以遗生民气运世世无穷之大祸，祖龙之罪上通于天矣！文人如柳子厚者，乃反为"公天下自秦始"之论，是又与于不仁之甚者也，可胜叹哉！

宫　刑

或有问于思古人曰：昔汉除宫刑，百世称其仁。子言王道亦既详矣，乃并微闻宫刑亦当复，无以法不严则易犯，故峻其法以仁斯民乎？

思古人曰：否，不然也。夫谓法不严则易犯，暴君酷吏假辞以饰其恶耳。吾所谓复古刑者，第以宫壸之不可无妇寺，势也，即理也。倘复封建，则天下之君所需妇寺愈多，而皆以无罪之人当之，胡忍哉！且汉之除宫刑，仁而愚者也。汉能除妇寺哉？能除万世之妇寺哉？不能除妇寺而除宫刑，是不忍宫有罪之人而忍宫无罪之人矣。

说者又谓刷童男女不于民间，惟以官买，则是任民之愿。嗟乎，狙民甚矣！小民何知？惟知利耳，以利诱民而宫之，岂天为民立君之意哉？今之贪利为盗者，恶自民也，上且诛之；若因民之贪，诱而宫之，恶自君矣。可胜慨哉！故封建必复宫刑,不封建亦必复宫刑也,惟愿为政者慎用之耳。至肉刑之五,墨、辟今犹用之,劓、荆二刑不复可也。

济　时

或曰:若子之言,非王政必不足治天下。顾汉末非行王道时也,孔明何以出? 唐叶无行王道事也,邺侯何以相? 是必有济时之策矣。况王政非十年经理,十年聚养,十年涵洽,不能举也。倘遇明王贤相,不忍斯民之水火,欲急起拯之,而人材未集,时势未可,将舍此无道。则所谓大用之而大效,小用之而小效者,又何说也?

思古人曰,王道无小大,用之者小大之耳。为今计,莫要于九典、五德矣。除制艺,重征举,均田亩,重农事,征本色,轻赋税,时工役,静异端,选师儒,是谓九典也。躬勤俭,远声色,礼相臣,慎选司,逐佞人,是谓五德也。为之君者,充五德之行,为九典之施,庶亦驾文、景而上之矣。然不体圣学,举圣法,究非所以致位育,追唐虞也。是在为君者。

重 征 举

尝读《礼》"聘则为妻,奔则为妾",所以崇礼义,养廉耻也。故女无行媒不相知名,士不为臣不见。成汤之于伊尹也,三聘莘野;文王之于吕尚也,载旋渭滨。下至衰世,犹有光武就见之子陵,昭烈屡顾之诸葛。如四子者固有以自重,抑其君知所以重之也。近自唐、宋，试之以诗，弄之以文，上辄曰选士，曰较士，曰恩额，曰赐第；士则曰赴考，曰赴科，曰赴选。县而府，府而京，学而乡，乡而会；其间问先，察貌，索结，登年，巡视，搜检，解衣，跣足，而名而应，挫辱不可殚言。呜呼！奴之耶，盗之耶？无论庸庸辈不足有为，即有一二杰士，迫于出仕，气丧八九矣，宜道义自好者不屑就也。

而更异其以文取士也。夫言自学问中来者，尚谓"有言不必有德"，况今之制艺，递相袭窃，通不知梅枣，便自言酸甜。不特士以此欺人，取士者亦以自欺，彼卿相皆从此孔穿过，岂不见考试之丧气，浮文之无用乎？顾甘以此诬天下也。观之宋、明，深可悲矣。

窃尝谋所以代之，莫若古乡举里选之法。仿明旧制，乡置三老人，劝农，平事，正风；六年一举，县方一人。如东，则东方之三老，视德可敦俗、才堪涖政者，公议举之，状签"某某深知其才德"，兼以事实之，县令即以币车迎为六事佐宾吏人。供用三载，经县令之亲试，百姓之实征，老人复跻堂言曰："某诚贤。"则令荐之府，呈签"某令深知其才德"，亦兼以事实之，则守以礼征至。其有显德懋功者，即荐之公朝，余仍留为佐宾三载，经府守之亲试，州县之实征，诸县令集府言曰："某诚贤。"则府守荐之朝廷，呈签"某守深知其才德"，亦兼以事实之，则命礼官弓旌、车马征至京。其有显德懋功者，即因才德受职不次，余仍留部办事，亲试之三载。凡经两举，用不及者，许自辞归进学。老人、令、守，荐贤者受上赏，荐奸者受上罚，则公论所结，私托不行矣。九载所验，贤否得真矣。即有一二勉强为善，盗窃声誉者，焉能九载不变哉？况九载之间，必重自检饬，即品行未粹者，亦养而可用矣。为政者复能久任，考最于九载、十二载或十七八载之后，国家不获真才，天下不被实惠者，未之有也。

靖 异 端

古之善靖异端者，莫如孟子；古之善言靖异端者，莫如韩子。韩子之言曰："人其人，火其书，明先王之道以教之。"善哉，三言尽之矣！

愚尝取而详推之。目前耕耘，皆三代之赤子，第自明帝作俑，无耻之民从而效尤，妄谈祸福，侈说仙神，枝连蔓长，焚香讲道者遂纷纷，其实犹然中国之民也，一旦收为左道之诛，岂不哀哉？

考古谋今，靖之者有九：一曰绝由。四边戒异色人，不许入中国。二曰去依。令天下毁妖像，禁淫祠。三曰安业。令僧道、尼姑以年相配，不足者以妓继之，俱还族。不能者各入地籍，许鬻寺观瓦木以易宅舍，给香火地或逃户地，使有恒产。幼者还族，老而无告者入养济院，夷人仍纵之去，皆所谓"人其人"也。四曰清蘖。有为异言惑众者诛。五曰防后。有窝佛老等经卷一卷者诛，献一卷者赏十两，讦窝者赏五十两。六曰杜源。令硕儒多著辟异之书，深明彼道之妄，皆所谓"火其书"也。七曰化尤。取向之名僧长道，令近正儒受教。八曰易正。人给《四书》《曲礼》《少仪》《内则》《孝经》等，使朝夕诵读。九曰明法。既反正之后,察其孝行或廉义者,旌表显扬之,察其愚顽不悟者,责罚诛戮之,皆所谓"明先王之道以教之"也。

如此,则群黎不邪慝,家户有伦理,男女无抑郁之气而天地以和,兆姓无绝嗣之惨而生齿以广,征休召祥,蔑有极矣。且俭土木之浪费,杜盗亡之窝巢,驱游手之无耻,绝张角等之根苗,风淑俗美,仁昌义明,其益不可殚计,有国者何惮而不靖异端哉?若惑于祸福之说,则前鉴固甚明也。

书　后

　　先生《三存编》,《存性》《存学》皆悟圣学后著,独《存治》在前,乃壮岁守宋儒学时所作也。当是时,仁心布濩,身任民物之重已如是,其得圣道也盖有由矣。

　　塨从游后,闻而悦之,著《瘳忘编》以广其条件。张鹏举文升著《存治翼编》,聚晤考究,历有年所。及塨出游四方,辨证益久,谬谓乡举里选,行之或亦因时酌略,而大体莫易。井田则开创后,土旷人稀之地,招流区画为易,而人安口繁,各有定业时行之难。意可井者井,难则均田,又难则限田,与先生见亦颇不参差。

　　惟封建以为不必复古。因封建之旧而封建,无变乱,今因郡县之旧而封建,启纷扰,一。三代德教已久,胄子多贤,尚曰“世禄之家鲜克由礼”,况今时纨袴,易骄、易淫、易残忍,而使世居民上,民必殃,二。郡县即汉、唐小康之运,非数百年不乱,封建则以文、武、成、康之圣贤治之,一传而昭王南巡,遂已不返,后诸侯渐次离析,各自为君,六七百年,周制所谓削地灭国,皆付空言,未闻彼时以不朝服诛何国也;矧于晚近,虽有良法，岂能远过武、周？三。或谓明无封建，故流寇肆毒，遍地丘墟；窃以为宋、明之失在郡县权轻，若久任而重其权，亦可弭变，且唐之藩镇即诸侯也，而黄巢俨然流寇矣，岂关无封建耶？四。或又谓无封建则不能处处皆兵，天下必弱；窃谓民间出兵，处处皆兵，郡县自可行，不必封建始可行也，五。而封建之残民，则恐不下流寇，不观《春秋》乎？列国君卿尚修礼乐，讲信睦，然自会盟朝遇纷然烦费外，侵伐战取，一岁数见，其不通鲁告鲁者殆又倍蓰，幸时近古，多交绥而退；若至今日，杀人狼藉，盈野盈城，岂减流寇？然流寇亡蹙而诸侯亡迟，则将为数十年杀运、数百年杀运，而祸更烈矣，唐之藩镇为五季，金之河北九公，日寻干戈，人烟断绝，可寒心也，六。天子世圻，诸侯世同，卿大夫独非伯叔甥舅之裔耶？亦世采自然之势也，即立法曰"世禄不世官"，必不能久行，周之列国皆世臣巨室可见矣；夫使天下富贵，数百年皆一姓及数功臣享之，草泽贤士虽如孔、孟，无可谁何，非立贤无方之道也，不公孰甚？欲治平何由？七。戊寅，浙中得陆桴亭《封建传贤不传子论》，盖即郡县久任也，似有当。质之先生，先生曰："可，而非王道也。"商榷者数年于兹，未及合一，先生倏已作古矣。

於戏！此系位育万物参赞天地之事，非可求异，亦非可强同也，因书于后，以待用者。

康熙乙酉二月，蠡吾门人李塨书于郾城寓署。

存 人 编

序①

　　颜先生《三存编》讫，人将得复性力学蒙治也，快矣哉！
而先生愀然虑，谓异端鸱张，方举世而空之虚之，人类行尽，又
何学，又何治？而又安所谓性？东比鼇翁，昼幹垣削屡，夜豨
穴穿日，筑卒不就。昔卫灵公入闱，两寇肩逐，子夏拔矛，下
格而还。周冥氏掌攻猛兽，殴以灵鼓；庭氏掌射国之妖鸟，若
神也，则以太阴之弓与枉矢射之。韩子曰："如古之无圣人，人
之类灭久矣"，岂不信哉？先生乃复著《唤迷途》《释迦佛赞
解》，并《与张京兆议》者，类为《存人编》。於戏，先生之心迫
矣！康熙四十四年乙酉四月，蠡吾门人李塨顿首拜识。

---

① 底本无此序，据康熙年间刻本补入。

唤迷途序①

《唤迷途》，博陵颜元所著，以劝僧道归人伦之书也。既成，而自序之曰：

昔者唐虞三代，圣人叠兴，代天子民，家给之宅，分之地，生幼者有助，齿衰者有养，残疾无告者倍为矜恤，民生无不遂也。设为庠、序、学校，国、州、党、闾，莫不有学，教以人伦，父子有亲，君臣有义，夫妇有别，长幼有序，朋友有信，民性莫不各正也。秦人作俑，将圣人养民教民之具废弃殆尽，汉家七制之主，虽曰英君，其于先王之政，曾不能复十一于千百。民无恒产，失其养者多矣。无恒产因无恒心，丧其性者多矣。即使外国之妖邪，不入天朝之化，凌俗壤，亦不知何底也？迨东汉明帝信传流之诡说，迎妖魔于西域，其言曰：得其道可以治天下。呜呼，世有灭绝人伦之道可以治天下者乎？其徒沙门数人，随之而入，明帝与楚王英辈。男妇焚香顶礼设醮，齐僧创为清凉台，以供佛骨；施设衣食，以养沙门，而天朝自是有

---

① 底本无此篇自序，据康熙年间刻本补入。

佛矣。其父光武皇帝以前，天朝固止祭天地、宗庙、社稷、五
祀、八蜡、马祖、各家祖先，未有所谓庵、观、寺院、佛、菩萨者
也。沙门等侈其师说，以念佛看经可得福利，诱我愚民之欲以
不信三宝必入地狱、碓捣磨研、油铛火熬等危言吓我愚民之
胆，于是信奉者众，而为沙门徒者有利，无产无依之民靡然从
之，而我天朝自是有僧矣。前此，汉秦以上，我天朝固止士农
工商，无所谓僧者尼者，灭绝人伦之人也。嗟乎，使古圣人养
法在家，宅五亩，人田百亩，虽沙门巧说，乱坠天花，谁肯舍我
父子兄弟，从彼禽兽乎？使古圣人教法在，则家有礼义，人知
孝弟，宁饥死而不作无父无君之辈；虽沙门巧说，乱坠天花，
又谁肯舍我孝慈、义顺、友恭之乐，从彼狠毒空寂乎？惟饥寒
切身，或世乱多故，内无义理以自主，遂相陷而蹈于邪，殊不思
我一失足为僧，我祖父以上千万人之血脉，自我而斩矣，我身
以下千万人之生理，自我而绝矣，我父母兄弟夫妻遂为路人
矣，岂不可伤？此心宁忍？正如游子仓皇，为强暴所逼，驰入
陷阱，仁人之所深怜，而急欲引手也。至于道家者流，祸在佛
先，成周之老子、关喜，西汉之文成、五利，虽有异说，然尚在君
臣父子夫妇伦中，未绝人道也。近世昧于丹法仙术，又染于佛
教，亦灭绝伦纪，故亦并唤之。前世大儒守其师道尊严之礼，
遇问者答之，遇当辟者辟之，未有专直说以劝化之者。闻有明
曹月川先生，著《夜行烛》一书，惜颁行未广，鲜有见者。予素
抱热肠，不忍无知迷于邪途，如疾痛之在身，故著为俚言数款，
以唤我同胞之迷而使返。倘僧道闻予言而猛然醒，幡然改，则
宁饥寒，宁患难，而不作无父无君之徒；宁饥寒死，宁患难死

而不为不忠不孝之鬼，奋然出陷阱而就坦途，以已失业之人，一旦复事田园，娱妻子，其心之快何如耶？以已坏伦之人，一旦复父慈子孝、兄友弟恭，其家之快何如耶？以已绝于亲之人，一旦生者无子而复有子，死者无嗣而复有嗣，其亲心之快何如耶？以已绝于祖宗之人，一旦使祖宗无孙而复有孙，冢墓无祭而复有祭，其先灵之快何如耶？以不服事君上之人，一旦贤明者归儒图仕，愚朴者租佣奉国，添几千万有用臣民，朝廷之快何如耶？由此而渐引渐大，自天朝而传外国，皆知去无伦之教，而返之人伦；则昔日西域生一释迦害其本国、延及天朝者，今日天朝生一颜元救正天朝，亦波及外国，去人间千年之蟊蛊，广天地无已之生成，乾坤之大，快又何如耶？虽然此非元一口一手之力也，所愿同胞中之醒者呼同胞中之醉；同胞中植者扶同胞中之仆，以天下之同胞救天下之同胞，则邪可正，经可兴矣。是为序。

　　壬戌中秋十九日题于习斋。

卷 一

唤 迷 途

第 一 唤

　　此篇多为不识字与住持云游等僧道立说。此项人受惑未深，只为衣食二字，还好劝他。譬如误走一条路，先唤那近者回来，我们这里唤，那近的也先听得。故第一先唤平常僧道。

　　凡人做僧道者，有数项：一项是本人贫寒，不能度日，或其父母贫寒，不能度日，艰于衣食，便度为僧道。一项是祸患迫身，逃走在外，或兵乱离家，无地自容，度为僧道。一项是父母生子女不成，信佛道，在寺庙寄名，遂舍入为徒。一项是偶因灾祸，妄信出家为脱离苦海，或目触寺庙倾倒，起心募化，说是建立功果，遂削发为僧或戴发称道人。大约是这几项人，或有不得已，或误当好事做，不是要惑世诬民，灭伦伤化。便是圣人出世，亦须哀怜而教化之，不忍收为左道之诛也。但你们知佛是甚么人否？佛是西域番人，我们是天朝好百姓，为甚么不做朝廷正经的百姓，却做那西番的弟子？他若是个好人还可，他为子不孝他父母，为臣不事他君王，不忠不孝便是禽兽了，我们为甚么与他磕头？为甚么做他弟子？他若是个正神还可，他是个西方番鬼，全无功德于我们。我们这房屋，是上古有个圣人叫有巢氏，他教人修盖，避风雨虎狼之害，我们于今得住；我们这衣食，是上古有个圣人叫神农氏，教民耕种，又有黄帝元妃叫西陵氏，教人蚕桑，我们于今得吃，得穿；我们这田地，是陶唐时有个圣人叫神禹，把横流的洪水都治了，疏江、淮、河、汉，凿龙门，通大海，使水有所归，我们于今得平土上居住；我们这世界，是伏羲、神农、黄帝、尧、舜、禹、汤、文、武，周公、孔子合汉、唐、宋、明历代帝王圣贤，立礼乐刑罚，治得乾坤太平，我们才得安稳。所以古之帝王圣贤庙食千古，今之帝王圣贤受天下供奉，理之当然。佛何人，有何功德，乃受天下人香火？真可羞也，真可诛也！你们动辄说"赖佛穿衣，指佛吃饭"。佛若是个活的，不忠不孝，尚且不当穿天下人的衣，吃天下人的饭，何况佛是个死番鬼，与天朝全无干涉，你们焉能指他吃穿的？语云："无功食禄，寝食不安。"你们又动辄念经宣卷，神要那西域邪言做甚么，人要那西域邪言做甚么，白白的吃了人家的，活时做个不妥当的人，死了还做个带缺欠的鬼。我劝你有产业的僧人，早早积攒些财物，出了寺，娶个妻，成家生子；无产业的僧人，早早抛了僧帽，做生意工匠，无能者与人佣工，挣个妻子，成个人家。上与朝廷添个好百姓，这便是忠，下与祖父添个儿孙，这便是孝，使我上面千百世祖宗有儿孙，下面千百世儿孙有祖父，生作有夫妇、有父子、有宗族亲友的好人家，死入祖宗坟墓，合祖宗父兄族人埋在一块土，做个享祭祀的鬼。思量到此，莫道是游食僧道与住持僧道，便是那五台山、京都各寺观大富贵僧道，也不该贪恋那无意味的财产。你们说，那有钱的僧道像甚么？就是那内官家富贵，便黄金千两，位享三公，断了祖父的血脉，绝了天地生机，竟成何用？思之思之！

老僧人，老道士，见的明白！你们受苦一生，中甚么用？无徒弟的，再不消度人了，误了自己，又误他人，神明也不佑；有徒弟的，早早教他还人伦。你若十分老，便随徒弟去度日；若不十分老，也寻法娶妻，便不娶妻也还家。家下有房屋田产的固好，虽无田产、房屋，寻个手艺生理的也好，就两者俱无，虽乞食度日，比做僧道也好。好在何处？现有宗族，合他有父兄、子侄情分，便病了，他直得照管你，便死了，他直得埋殡你，便做鬼，也得趁祖宗享春秋祭祀，岂不是好？若做僧道，莫说游僧游道死在道路，狼拖狗曳的，便是住持的，若无徒弟也苦，虽有徒弟伏侍的，终是异姓人，比不得我儿女，是我骨肉，也比不得我宗族，是我祖宗一派，死了，异姓祭祀也无飨理。况世上那有常常住持的寺院，究竟作无祭祀的野鬼，岂不伤哉？

归人伦事，最宜蚤图。第一件，先要知前日由平民做和尚，是朝廷的逃民，是父母的叛子，是玷辱亲戚朋友的恶事。古人云："不忠不孝，削发而揖君亲；游手游食，易服而逃租税。"只此四句，断定和尚不是好人了。今日由和尚做了平民，是朝廷正道百姓，是父母归宗孝子，是从头有亲戚有朋友的好事。古人云"自新休问昔狂",伊尹称成汤改过不吝,自新便成的君子,改过便做的圣人。我之归也,不忍我祖宗无后而归也,不忍我父母无子而归也,是谓之大仁;不愿天下人皆有夫妻、我独为鳏夫而归也,不愿贵贱贤愚皆为朝廷效力、独我为猾民而归也,不愿昆虫草木皆为天地广生、成我独腐朽而归也,是谓之大义。大仁大义之举,而世人反以为不美事,名之曰"还俗"。夫谓之俗,必以为作僧道是圣果事,而今还于俗凡也;必以为是清雅事,而今还于俗鄙也;必以为新奇事,而今还于俗常也。嗟乎!"名不正则言不顺,言不顺则事不成",此尼父之所大虑也。吾今正其名曰"归人伦",明乎前此迷往他乡而今归家也,明乎前此误入禽兽之伙而今归人群也,明乎前此逸出彝伦之外而今归子臣弟友之中也。世人去家乡数千里,见一本土人,辄涕泣不胜,一旦还乡,则邻里皆来看望,心安意乐,今之归伦,何独不然?僧道有归人伦而来见吾者,吾必酒食待之,为之图谋生理;吾党有寄尺书口信于吾者曰,某处某僧道今归伦于某府州县某乡为某姓名矣,吾必不远百里,具仪往贺之。人之好善,谁不如我,鼓动天下,救济生民,同志者共勉之!

你父母生你时,举家欢喜,门左悬弧。欢喜者,以为他日奉养口体,承宗继嗣,有所托矣;一旦为僧道,生不能养,死不能葬,使父母千万年无扫坟祭主之人,一思赤子怀抱时,你心安不安?悬弧者,男子生下当为朝廷应差应甲,平定祸乱,大而为将,小而为兵,射猎四方,生人之义也;一旦为僧道,便为世间废人,与朝廷无干,不但不为朝廷效战斗,并不当差纳粮以供其上,回思悬弧之义,宁不自愧?

禽有雌雄,兽有牝牡,昆虫蝇蠓亦有阴阳。岂人为万物之灵而独无情乎? 故男女者,人之大欲也,亦人之真情至性也。你们果不动念乎? 想欲归伦,亦其本心也,拘世人之见,以还俗为不好耳。今无患矣,我将此理与你们说明了,更不可自己耽误。

细思来,你们为僧道也只为吃碗自在饭。岂不思上自天子,下至庶人,皆有所事,早夜勤劳,你们偏偷安白吃,就如世间仓鼠木蠹一般了,是甚么好? 试看世上各行生理手艺,命中有饭吃,自然饿不著,你何必做僧道? 你命中若不好,做僧道也受饥寒,况有一种赴苦做活种地灌园的僧道,一般受苦,为何废了人伦? 你们都思量思量,不可胡迷到底也!

四却子曰:理明情切,可令僧道辈又哭又笑。哭为何说的? 情理透切,自然泪出痛肠,岂不哭? 笑为何说的? 情理爽快,自然满心欢喜,岂不笑?[①]

第 二 唤

此篇多为参禅悟道、登高座发偈律的僧人与谈清静、炼丹火、希飞升的道士立说,较前项人惑渐深,迷渐远,唤回颇难。然此等率出聪明静养之人,聪明人易驰高远,故惑于异者多。仆以为聪明人易惑亦易悟,静养人善思又善听,况吾之俚言,如

①"四却子曰"一段,底本无,此据康熙年间刻本补。

数一二，如辨黑白，如闻钟鼓，亦易入者。一悟一思，而猛然醒，幡然改，同快人伦之乐，岂不美哉？

佛道说真空，仙道说真静。不惟空也，并空其空，故《心经》之旨，"无无明，亦无无明尽"；不徒静也，且静之又静，故《道德经》之旨，牝矣又玄，玄矣又屯屯。吾今以实药其空，以动济其静，为僧道者不我服也，入之深，惑之固，方且望其空静而前进之不暇，又焉能听吾所谓实与动乎？今姑即佛之所谓空，道之所谓静者穷之，而后与之言实与动。佛殊不能空也，即能空之，益无取；道殊不能静也，即能静之，益无取。三才既立，有日月则不能无照临，有山川则不能无流峙，有耳目则不能无视听；佛不能使天无日月，不能使地无山川，不能使人无耳目，安在其能空乎？道不能使日月不照临，不能使山川不流峙，不能使耳目不视听，安在其能静乎？佛道之空静，正如陈仲子之廉，不能充其操者也。即使取其愿而各遂之，佛者之心而果入定矣，空之真而觉之大矣，洞照万象矣，此正如空室悬一明镜，并不施之粉黛妆梳，镜虽明亦奚以为？曰大觉，曰智慧，曰慈悲，而不施之于子臣弟友，方且照不及君父而以为累，照不及自身之耳目心意而以为贼，天地间亦何用此洞照也？且人人而得此空寂之洞照也，人道灭矣，天地其空设乎？道者之心而果死灰矣，嗜欲不作，心肾秘交，丹候九转矣，正如深山中精怪，并不可以服乘致用，虽长寿亦两间一蠹。曰真人，曰至人，曰太上，而不可推之天下国家，方且盗天地之气以长存，炼五行之精以自保，乾坤中亦何赖有此太上也？且人人而得此静极之仙果也，人道又绝矣，天地其能容乎？世传五百年雷震一次，此必然之理，盖人中妖也，天地之盗也。

请问：若辈聪明人乎，愚蒙人乎？果愚蒙人也，宜耕田凿井以养父母，以受天子之法制，不应妄为大言，鼓天下之愚民而立教门。若聪明人也，则以天地粹气所钟，宜学为公卿百执事，以勤民生，以佐王治，以辅扶天地，不宜退而寂灭，以负天地笃生之心。

朝廷设官分职以为万民长，立法定律以防万民欲。人虽贤智，只得遵朝廷法律而行，所谓"虽有其德，苟无其位，亦不敢作礼乐也"。你们辄敢登高座谈禅，使人跪问立听，辄敢动刑杖，是与天子长吏争权也；辄敢别定律令，号招士民，谓之受戒，各省直愚民呼朋引类，赴北京、五台受禅师法戒，是与天子争民也。堂堂皇王之天下，俨然半属梵王子之臣民，倘朝廷震怒或大臣奏参，岂不可惧？猛醒猛醒！

你们那个是西域番僧？大都是我天朝聪明人。欲求道，当求我尧、舜、周、孔之道，尧、舜、周、孔之道是我们生下来现成的道。此身是父母生的，父母生此身，如树根长出身干枝叶，若去父母，是树根，还成甚么树？所以尧、舜、周、孔之道全在于孝，小而养口体，悦心志，大而显亲扬名，再大而严父配断了天。自庶人上至天子，各随分量，都要完满，毫厘不尽，便是缺欠，便不可以为子，不可以为人；况敢抛却父母，忍心害理，视为路人，还了得！此身合兄弟同生，都要相爱，有兄长，又如树上生的前一节后一节，若离了兄，正如树枝断去前截，定后截都坏了。所以尧、舜、周、孔之道全在于弟, 隔坐随行, 尊父母的嫡子, 敬之如严君, 爱父母的遗体, 爱之如婴儿。无贵无贱, 各随分量, 都要完满, 分毫不尽, 便是缺欠, 便不可以为人弟, 即不可以为人子; 况敢抛却兄长, 忍心害理, 视为路人, 还了得! 父母生下我, 我又娶妻, 作子孙的父母, 他日子孙又长成作父母, 故曰"有夫妇然后有父子, 有父子然后有兄弟, 有兄弟然后有朋友, 有朋友然后有君臣"。故"尧、舜之道, 造端乎夫妇", 此端字, 是端倪的端字, 如织布帛之有头绪, 如生草木之有萌芽, 无头绪则布帛没处织, 无萌芽则草木没处生, 无夫妇则人何处生? 一切伦理都无, 世界都无矣。且你们做佛弟子的, 那一个不是夫妇生来的? 若无夫妇, 你们都无, 佛向那里讨弟子? 佛的父亲若无夫妇, 佛且无了, 那里有这一教? 说到这里, 你们可知佛是邪教了, 是异端了。假佛原是正道, 原行得, 他是西域的师, 西域的神, 我们有我中国的师, 中国的神。自己的师长不尊, 为甚么去尊人家师长? 自己的父母不孝, 为甚么去孝人家? 何况原是邪教, 原是异端! 由其道, 一步行不去, 从他做甚? 你们最聪明, 说到这里, 莫道你们有才料, 在世间做的别事, 便做个农夫, 做个乞丐, 也不失为正人。为甚么上高座, 阖眼并手, 跟番鬼谈邪言, 自欺以欺世也? 思之思之!

佛轻视了此身, 说被此身累碍, 耳受许多声, 目受许多色, 口鼻受许多味, 心意受许多事物, 不得爽利空的去, 所以将自己耳目口鼻都看作贼。充其意, 直是死灭了, 方不受这形体累碍, 所以言圆寂, 言涅槃, 有九定三解脱诸妄说, 总之, 是要不生这贼也,总之,是要全其一点幻觉之性也。嗟乎! 有生方有性,若如佛教,则天下并性亦无矣,又何觉? 无所谓昭昭,何所谓暗暗? 如佛教,并幻亦不可言矣,又何佛怪哉? 西域异类,不幸而不生天朝,未闻我天朝圣人之言性也,未见我天朝圣人之尽性也。尧、舜、周、孔之言性也,合身言之,故曰"有物有则","尧、舜性之;汤、武身之"。尧、舜率性而出,身之所行皆性也,汤、武修身以复性,据性之形以治性也。孔门后惟孟子见及此,故曰"形色天性,惟圣人然后可以践形"。形,性之形也;性,形之性也;舍形则无性矣,舍性亦无形矣。失性者据形求之,尽性者于形尽之,贼其形则贼其性矣。即以耳目论,吾尧、舜明四目,达四聪,使吾目明彻四方,天下之形无蔽焉,使吾耳聪达四境,天下之声无壅焉,此其所以光被四表也。吾孔子视思明,听思聪,非礼无视,非礼无听。明者,目之性也,听者,耳之性也。视非礼,则蔽其明而乱吾性矣;听非礼,则壅吾聪而乱吾性矣。绝天下非礼之色以养吾目,贼在色,不在目也;贼更在非礼之色,不在色也。去非礼之色,则目彻四方之色,适以大吾目性之用。绝天下非礼之声以养吾耳,贼在声,不在耳也;贼更在非礼之声,不在声也。去非礼之声,则耳达四境之声,正以宣吾耳性之用。推之口、鼻、手、足、心、意咸若是,推之父子、君臣、夫妇、兄弟、朋友咸若是,故礼乐缤纷,极耳目之娱而非欲也,位育平成,合三才成一性而非侈也。彼佛,大之空天、地、君、亲而不恤,小之视耳、目、手、足为贼害,惟阖眼内顾,存养一点性灵,犹瞽目人坐暗室,耳目不接天下之声色,身心不接天下之人事,而方寸率思无所不妙,可谓妄矣，安在其洞照万象也哉？且把自身为贼，绝六亲而不爱，可谓残忍矣；及其大言慈悲，则又苦行雪山，割肉饲鹰，舍身喂虎，何其颠倒错乱也哉！

洞照万象，昔人形容其妙曰"镜花水月"，宋、明儒者所谓悟道，亦大率类此。吾非谓佛学中无此意也，亦非谓学佛者不能致此也，正谓其洞照者无用之水镜，其万象皆无用之花月也。不至于此，徒苦半生，为腐朽之枯禅；不幸而至此，自欺更深。何也？人心如水，但一澄定，不浊以泥沙，不激以风石，不必名川巨海之水能照百态，虽渠沟盆盂之水皆能照也。今使辣起静坐，不扰以事为，不杂以旁念，敏者数十日，钝者三五年，皆能洞照万象，如镜花水月。做此功至此，快然自喜，以为得之矣，或预烛未来，或邪妄相感，人物小有征应，愈隐怪惊人，转相推服，以为有道矣。予戊申前，亦尝从宋儒用静坐功，颇尝此味，故身历而知其为妄，不足据也。天地间岂有不流动之水，天地间岂有不著地、不见沙泥、不见风石之水？一动一著，仍是一物不照矣。故管道、杨傻，予《存学编》所引，出山便与常人同也。今玩镜里花，水里月，信足以娱人心目，若去镜、水，则花、月无有矣。即对镜、水一生，徒自欺一生而已矣。若指水月以照临，取镜花以折佩，此必不可得之数也。故空静之理，愈谈愈惑，空静之功，愈妙愈妄。吾愿求道者尽性而已矣，尽性者实征之吾身而已矣，征身者动与万物共见而已矣。吾身之百体，吾性之作用也，一体不灵则一用不具。天下之万物，吾性之措施也，一物不称其情则措施有累。身世打成一片，一滚做功，近自几席，远达民物，下自邻比，上暨庙廊，粗自洒扫,精通爕理,至于尽伦定制,阴阳和,位育彻,吾性之真全矣。以视佛氏空中之洞照,仙家五气之朝元,腐草之萤耳,何足道哉!

四却子曰:"谈仁义、孝弟、心性,如数家珍,明白恺切,不独可唤僧道,即吾儒皆当各置一通于座右。"

第 三 唤

此篇是唤醒西域真番僧者。我天朝人误走迷途,固皆呼之使转矣,西域番僧独非同生两间者乎?他既各具人形,便各有人性。予尝自谓,生遇释迦,亦使之垂头下泪,固以其人形必之也。况今番僧亦不幸而生乎西域,为其习俗所染,邪教所误耳,何可不救之使归人伦耶?你若识天朝字,自读而自思之;若不识字,能解天朝语,可求人讲与你们听。

你虽不幸而不生天朝,你独无父母耶?你父母生下你,你便不做人父母生人,可乎?是释迦诬了你。你求人讲上两唤听,便悝的释迦是邪说了。你看天地是个大夫妇,天若无地,也不能化生万物,天不能无地,夫岂可无妇?你看见妇人,果漠然不动念乎?这一动念,却是天理不容灭绝处。只我天朝圣人,就这天理上修了礼义,定就婚姻礼法,使天理有节制,以别于禽兽。然禽兽虽无一定配偶,而游牝以时,也是禽兽的天理。若人无配偶,是禽兽的天理也无了,岂非天地父母恶物乎？你们也当从我天朝，行婚礼，配夫妇，有一定配偶，这便是人道了。力不能回家的，便在天朝娶妻，学天朝人手艺，做个过活，成个人家，生下子女，万万世是你们后代了。力能回家的，将这《唤迷途》带去，讲解于你国人听，教他人人知释迦是邪教，也学我天朝圣人的道理，孝弟忠信，你们就是正道的祖师了，你们就是你国的圣贤了。与你国添多少人类，添多少亲戚，添多少礼义，便是大有功德，天神必加福祉。你们子孙为官，为宦，为帝，为王，都是有的。你们看我天朝为帝为王的，为国公、侯、伯的，官宦的，多是羲、农、黄帝、尧、舜、周公、孔子子孙。我教你归人伦，是慈悲乎？释迦教你断子绝孙，做个枯寂的鬼，是慈悲乎？你思量思量！

你们凡往天朝来的，都不是庸俗人，或奉你本国王命进来，妄说做国师的，或差来纳贡的，或差来观天朝虚实的，或彼处豪杰自拔，要到天朝显才能的，或彼国不得志，求逞于天朝的，大都是聪明人。且说你国也有夫妻否？也有儿女否？也有邻里乡人否？也有君臣上下否？夫妻也相配合否？生儿女也爱他否？儿女爱父母否？儿女同生也彼此抬敬否？邻里乡人也相交好否？君臣上下也有名分否？吾知其必夫妇相配也，必父子相爱也，必兄弟同生者相敬也，必邻里相好也，必上下有分也，这便是凡为人类者自然的天性，必有的道理。我天朝圣人，只因人自然之性，教人必有之道。因人有夫妻相配，便教他以礼相合。夫妇必须父母之命，媒妁之言，六礼备而后成，成后还要相敬如宾，相成如友，夫义妇顺，这叫做"夫妇有别"。那佛断绝夫妇的好？还是夫妇有别的好？因父子相爱,便教他父慈子孝。父慈不但幼时怀抱养育,大时还教他仁义,管他干正事,子孝不惟衣食奉养,还要和敬并尽,朔望节令还行参拜礼文,没后还有许多丧祭道理,这叫做"父子有亲"。那佛断绝父子的好?还是父子有亲的好?因人兄弟相敬,便教他兄友弟恭。无论男兄弟,女兄弟,都是兄爱其弟,弟尊其兄,一坐一行都有礼法,不得欺侮,不得僭越,这叫做"长幼有序"。那佛兄弟无情的好?还是长幼有序的好?因人邻里相好,便教他同类相交谓之朋,同志相爱谓之友,以实心相与,以实言相告,这叫做"朋友有信"。那佛弃绝人类入深山的好?还是朋友有信的好?因人上下有分,便教他君使臣以礼,臣事君以忠,这叫做"君臣有义"。那佛断绝君臣的好?还是君臣有义的好?我天朝道理,只有这五件,制许多刑政法度之文,礼乐兵农之具,水火工虞之事,都是要节宣这个,维持这个。当东汉时,有几个沙门传佛道入天朝,酿成无穷大祸,鸠摩罗什等又翻译西域经文,传有许多邪说,以惑天朝之民,这都是天地的罪人,你们更不可效尤。若能醒解我的言语,把我天朝圣人的道理传往西方,将《唤迷途》翻译成西方的言语,使人都归人伦,都尽人伦,莫说父尽父道,子尽子道,君尽君道,臣尽臣道,你西方诸国享福无穷,只人也多生几千万,岂不是真善果?勉哉!

　　四却子曰:为他叫醒,为他安排,为他开发,无一处不明,无一处不妥,说五论处真锦心绣口。①

————————

① "四却子曰"一段,底本无,此据康熙年间刻本补。

卷 二

唤 迷 途

第 四 唤

前三篇唤迷途之人已毕，此篇又专为名儒而心佛者立说。虽在五伦之中而见涉禅寂，如宋苏东坡、明王弇州之徒，小有聪明，见闻滥博，启口成辩，举笔成文，不惟词坛之雄，而无识之人且尊为儒者；其实邪正不明，得罪名教，一生学力，万卷文章，只此一误，举无足观，惜哉！

欧阳文忠与苏文忠，人品学问，俱难轩轾，只佞佛一节，苏斯下矣。佛之为邪，易明易见。长公之才，把笔何等气力，立朝何等风节！到《大悲阁记》《四菩萨记》等文，便卑鄙不堪，迷惑如田间村妇语，何其于尧、舜、周、孔之道顿忘，《四书》《五经》之理遽万里也！必是自幼生长川、蜀之地，习见僧人，多读佛书，入鲍鱼肆不觉其臭矣。文人看书，可不慎哉？

老泉传家，原是文人伎俩，虽好读《孟子》，只要讨出文法，不是明道。故其夫妻皆佞佛，并其聪明子亦误之矣，岂不可惜！

欧阳文忠公大有过人论头，如说"圣人教人，性非所先"，其识高于程、朱一派。盖圣人教人，只是六德、六行、六艺，端木子明言"夫子之文章可得而闻，性道不可得闻"。程、朱一派好谈性道，置起圣门时习事功不做，盖亦隐为禅惑，不觉其非，却说永叔为误，异矣！如作《本论》，胜于柳、苏诸人，但他亦是从文字起见，只作一篇好文字耳，亦不是全副力量卫圣道辟异端的人。公若向此处做工夫，与子瞻相交最深，自可一言而救正之，何至听其惑迷而不返也！且与郑公同在政府，若常讲明邪正之理，郑公亦必相感而化。以二公之贤而不能化，亦未闻辩论救正之语，固知其非用功于辟异者矣。且与韩、富二公，三贤秉政，大权在手，正当举其所谓礼乐者实行之矣，乃亦全不挂口，益见其为文字之见，非孟子本领矣。

《本论》亦非确当之理。医书云："急则治其标，缓则治其本。"今佛氏之害弥天漫地，如人遍体疮疡。若是而言从容调理血气乎，抑急须针膏擦洗之方也？佛之害中人，便昏乱狂颠，发作便窒气绝生，正如风痰急症，风不散则立刻瘫痪，火不解则立刻谵语，痰不吐不下则立刻丧命。如是而言从容补阴阳乎，抑急须汤丸灸薰，散风降火，吐下顽痰之法也？佛之害在一日，则此一日中普天下添多少人为僧，便断多少人血脉，如病瘟疫天疱，迟治一日便多传染几人。如是而言采参于朝鲜以补中，斩兕于羌国以解毒乎，抑现用防风、荆芥以汗之，芩、连、恶食、金银花之属以解之为当也？公之言曰："幸有一不惑者，方艴然怒曰，将挥戈而逐之，有说而排之。千岁之患遍于天下，非一人一日所可为，民之沈酣入于骨髓，非口舌之可胜，莫若务本以胜之。"嗟乎！公第甚言当务本耳，不知却昧医家急则治标及标本兼治之法矣。是圣人不生，礼乐不兴，便任佛氏之灭伦伤化戕贼民生而不救乎？不几如朝鲜之参，羌国之兕不至，遂听瘟疫、天疱之死丧传染而不治乎？何以为医也！乾坤中挥戈逐佛、著说排佛者，若傅尚书、韩吏部、胡致堂，其表著者，公亦其一人矣。若非有公辈数人"不忠不孝"数语，《佛骨表》《原道》《本论》数文在，乾坤更不知何底矣。非一人所可为，虽千万人亦一人之倡也，非一日所可为，虽千百年亦一日之积也，救得一人是一人，转得一日是一日，正得一分是一分。又曰"民之沈酣骨髓，非口舌所可胜"，亦未之思也。积蚊成雷，累画成册。吾儒在上者则兴礼乐以化民，在下者则崇仁义以明道，彼佛何所有哉？徒以口舌簧鼓，转相惑诱，遂乱天下至此，吾独不得以口舌救之乎？天相吾道，吾人而在上也，一面兴礼乐，谨学校，以修其本，一面立法禁，施诰命，以治其标；天不相吾道，吾人而在下也，一面崇仁义，励躬行，以修其本，一面详辩论，著书说，以治其标。夫礼乐明，则人才出而操戈排佛者益众，此本而标之之法也；辩论著，则君相悟而礼乐兴，此标而本之之法也。庶几其善医矣。

愚蒙人为秃番所欺固可怜，聪明人未闻尧、舜、周、孔之道，见异而迁亦无怪。所可恶者，柳、富、苏、王以绝世之才，读孔子之书，有目而不分黑白，有耳而不辨钟磬，时而堂堂正正，谈理如海潮河决，时而室心眯目，迷惑如村妇牧儿，最足以侜愚僧之口，迷俗人之向，此君子所深为痛恨者也。纸上雄文，立朝气节，皆孔子所谓"其余不足观"者，功不抵其罪也。明之弇州辈，特一文士耳，未必有大君子与之交也；柳则友韩矣，富、苏则友欧阳矣，柳、富、苏之不虚心受益，韩、欧之不极尽规劝，均可憾也。今世而有韩、欧乎？遇友人之柳、富、苏者，宜极尽其救正，正之不可而再，再之不可而三而四，此非小故也。今世而有柳、富、苏乎？遇友人之如韩、欧者，则宜虚心受益，改辙自新，勿取诛于君子可也。试看贾岛一诗僧耳，从昌黎而归人伦，尚来千古美谈，况吾儒中豪杰，而可自误乎哉？

　　三代后，唐之昌黎，宋之程、朱，明之阳明，皆称吾儒大君子，然皆有与贼通气处，有被贼瞒过处，有夷、蹠结社处，有逗遛玩寇处，今略摘一二，与天下共商之；非过刻也，恐佛氏借口，与儒之佞佛者倚以自解也。昌黎诛佛不遗余力，死生以之，真儒阵战将也。惜其贬潮州时，闻老僧太颠，召至州郭，与之盘桓，及其将行也，又留衣服为别。夫使太颠可教，则一二见可化之归儒；不可教，则为不就抚之猾寇，又何久相盘桓，留衣相赠乎，不几夷、蹠结社乎？及孟尚书闻其事，贻书致问，又称太颠"颇聪明，识道理"，予阅答书至此，大为惊异，世岂有为僧之人而识道理者乎，岂有识道理之人而为僧者乎？则昌黎所见之道理必尚有微异于孔、孟者矣，则昌黎之交太颠必尚有微为瞒过者矣，不几逗遛玩寇乎？周子《太极图说》已多了无极二字，极乃房上脊檩，是最上之称，又加以太字，是就无可名处强指之矣,又何所谓无极乎?至其言性,又不合加一恶字,故程、朱由此皆误言气质有恶,又言气质为吾性害,是即为六贼之意浸过儒道分界矣。朱子尽力与象山辩无极二字,是即为佛之空,老之无隐蔽矣。至程子作诗,说"道通天地有形外,思入风云变态中",又云"隔断红尘三十里,白云红叶两悠悠";朱子动辄说气质杂恶,动辄说法门;阳明近禅处尤多。习俗移人,贤者不免。所谓与贼通气者,此也。

儒之侫佛者,大约是小智慧人看道未贯上下,或初为儒者,而功力不加,畏圣道之费力,半途欲废,又耻于不如人,遂妄谈空虚以夸精微者,或贪名利,工文字,名为儒而实不解圣道为何物,亦如愚民见异端而惊喜者。至惑地狱祸福之说而从之者,民斯为下矣。何谓小智慧见道未贯上下者?彼多谓"佛之上截与吾儒同",或竟谓"佛得其精,吾儒得其粗",此其人学识未大,未能洞见性命之本及吾道体用之全,见宋、明儒者之所谓性无能出乎佛氏之上,一闻禅僧之谈心性,遂倾心服之,谓上截儒释原不异也。嗟乎!不几如吾《存性编》中所云根麻而苗麦乎,天地间岂有此理!有上截本仁而下截不爱父母者乎?有上截本义而下截不敬君上者乎?抑其上截之原非仁义也?吾儒以仁义礼智信为性,而佛以空虚不著一物为性。以仁义为性,故忠孝者仁义之发也,仁义者忠孝之源也,后截之忠孝与上截之仁义,如树之根与枝一体也。佛之上截总一空,故为不忠不孝之教,断绝伦物,下截亦总一空也,又焉得上截同而下截始异哉?此辈犹能见宋、明儒者之性者也。至谓"佛得其精,吾儒得其粗"者,又并宋、明儒之性未之闻,平日徒以章句目儒业，即粗闻仁民爱物作用，亦第视为后起事。不知尧、舜之精一执中，三事六府之体也，三事六府，精一执中之用也；周、孔之一以贯之，三物四教之体也，三物四教，一贯之用也；如树之根本枝干，通为一体，未可以精粗分也。故无根本则无枝叶矣，无枝叶则非根本矣，梧檟之根，藏土千年，与秕腐同讥。彼佛氏固未可以精言也，又何者是其精乎？以腐秕为精，愚之愚者矣，何为以初为儒功，半途而废，妄谈虚空以夸精微者？人性皆善，虽甚恶人必有善念一动之时，虽甚浊世必有特起作圣之士。但吾儒之道，六岁教名、数，七岁教别，八岁教让，九岁教数日，十岁学书、计、幼仪，十三岁学乐、舞，十五岁入大学，凡六德、六行、六艺，一切明亲止至善者，俱步步踏实地去做。二十岁尚不许教人，到三四十，发挥其幼学者，进见之君民，退式乎风俗。今世全错了路径，少小无根本，粗者求之章句，精者求之静敬，到数年或数十年后，全不见古人充实大化之我觊，全体大用之我酬，再进无工程之可据，回顾无基本之可惜，又耻于奔宝山半生作空手回之汉，遂放达者为庄周、李贽之流，谨饬者作龟山、定夫之辈。非以欺世也，略以自涂抹其作圣初心，而不染于禅者鲜矣。不知世降学晦，孔径久荒，即虚花无果，前路弗凭，正宜返求之实地，虽六德之一德，六行之一行，六艺之一艺，不自失为儒也；即精力已竭，尺寸莫赎，惟当痛自悔恨，如汉武轮台之诏，亦自千古共谅，何必益为虚大而叛背于圣道之外哉？君子思之！何以谓名为儒而实不解圣道，亦如愚民之见异而喜者？自幼惟从事做破题，揑八股，父兄师友之期许者，入学、中举、会试、做官而已，自心之悦父兄师友以矢志成人者,亦惟入学、中举、会试、做官而已。万卷诗书,只作名利引子,谁曾知道为何物? 故以官长、进士、举人,而听讲于村俗僧人,惊道妙而师事者有之,以秀才而信旁门邪说,入焚香会者有之,岂儒者而丧心至此乎? 抑原未尝于儒道参一解,行一步也? 况做秀才而贪利肆行,为官长而染指负上,中气必馁,中心必惧;明惧朝廷之法,幽惧鬼神之祸,一闻佛者颠顶之说,乌得不悦;一闻空名利之谈,乌得不服;一闻忏悔消灾之技,又乌得不甘心也? 况僧道惑世诬民之巧,网亦密矣。地狱报应之说,仅足惑天朝之愚民,痘疹送生仙妃之说,仅足惑天朝之妇女,士大夫不之信也,又创为文昌帝君之神,谓司人间科甲贵贱;又恐其教之淡薄苦寂,士夫未必肯受也,又创为准提菩萨会,每月只几日不食酒肉,又许那借以遂其口腹之欲。予之以不得不悦,不得不服,不得不甘心之势,而又开之以不甚苦而易从之门,乌得不莫之御而从于邪也? 虽然,天理自在人心,猛一觉照,愚蒙之夫无不可去邪而归正,况我辈士夫聪明杰秀,高山寻常万万者乎! 急出幽壑,返登乔木,是所望于今之君子!

　　地狱轮回之说,我天朝圣人全未道及。仲子路才一问事鬼神,问死,便截断不与言。盖人之与天地并大者,尽人道也。尽人道者,方且参天地,赞化育,尽幽明上下而自我治之,又焉得舍生人之理而不尽,暇问鬼道乎? 故地狱无之乎? 君子不道也。有之乎? 则君子行合神明,自当上升为圣,为贤,为神。彼灭伦败类不作生理之佛、之僧,生时已背叛人纪,脱离人群,不可以为人矣,死后其可对冥府之神乎? 不知神之所钦重福利者,其在忠君孝亲者乎,其在无父无君者乎?且不忠之臣,但愧忠臣耳;不孝之子,但愧孝子耳;而犹为君之臣、父之子也。设冥府果因生前之行而拟之罪,恐视夫舍君而不之臣,舍父而不之子,尚有轻重差等也,况不为乱臣贼子者乎?故明舍人道而好谈幽冥,尽人皆不可,而佛僧更非所当言,奈何反以我辈全人伦之人,而听彼言之妄?可谓愚矣!

祸福忏悔之理,若听信僧言,更为可笑。古人云:"积善之家,降之百祥;积不善之家,降之百殃。"又云:"鬼神福善而祸淫。"《诗》云:"永言配命,自求多福。"此祸福正理也。成汤改过不吝,颜子不贰过,此悔过改过正理也。若能日畏天理,日畏王法,不作亏心事,尚矣!即贪财好色,做出无状,猛然一醒,痛改昨非,成其今是,孝亲敬长,忠君爱民,恤孤济寡,救难扶危,真心实力,足以格天地,感鬼神,况于人乎?去却半生恶,成此半生善,或扫去五分恶,成其五分善。昔伯夷不念旧恶,孔子见人一善而忘其百非,吾以为神明亦当如是。只真心自新,便为君子,自是朝野钦之,鬼神敬之,又何借佛力僧经,作三昧法水哉?今有人,罪恶种种,官府将依律定罪,或有言此人素孝,此人素弟,或有言此人素有大功于国君,有大功于生民,则《周礼》八议之法可行;若空言"再不敢了",官其减罪乎?若言出于大圣大贤,或忠臣孝子,或朝廷贵人,官府或因而少减其辜,亦未可知也。今诵西番邪妄之经,依佛氏不忠不孝之鬼,而求以免祸辟,如作窃盗而求强贼为之请讨,骂兄嫂而借弑父母者为之先容,罪不更加之耶?愿熟思之!

四却子曰：辟后儒佞佛根蒂，道理极真，识见极透。看至痛切处，快心快心。[1]

第 五 唤

儒名而心禅者，大足为世道人心之害，既呼回之矣。世间愚民，信奉妖邪，各立教门，焚香聚众者，固皆俗鄙无足道。然既称门头，乱言法道，群男女废业而胡行，诱惑良民，甚至山野里比皆遍，则其为害亦不小矣。愚民何知，不过不晓念佛看经之为非，不知左道惑众之犯律，妄谓修善而为之耳。若不急急唤醒，恐他日奸人因以起事，则黄巾、白莲之祸恐即在今日之"皇门""九门"等会，上厪国家之忧，下坑小民之命。新河之事，不已可为覆车之鉴哉？此篇各因其愚而开明之，庶迷途上个个唤回，共由荡平之正路，是予之愿也。

吾观当今天下，僧道是大迷途。其迷途中之岐途岔路，或有信佛，或有信仙，或仙佛兼奉，而各立教门，交相诱引，焚香惑众，各省下盖多名目，吾未之遍游而全知也；惟就吾之近地眼见者，一一正其误而唤之回，则他省府州县，名目虽不同，而凡不遵子臣弟友之道者，便是邪说，不安为朝廷百姓而名为道人者，便是左道，皆可类推而急醒改之。大率你们做头行的，都说是正道，要化人，你们做小道人的，都不肯说是邪，只当

---

① "四却子曰"一段，底本无，此据康熙年间刻本补。

是修善。这"善"字不明,"修"字不讲,是天下大关系也。在位大人,惟《大学》首章三纲领是真善;实去明德,实去亲民而止至善,自格物以至明德于天下,当先者便先加工夫,当后者便后加功夫,这便是真修善。外此者都不是善,都不是修善。无位的百姓,只今圣谕,朝廷官府立乡耆乡约讲解教人的,木铎老人朔望摇铃晓谕的,便是真善;实去孝顺父母,实去尊敬长上,实去教训子孙,和睦乡里,各安生理,勿作非为,便是真个修善。若去口中念不忠不孝的佛,聚会讲无影无形的经,这不独犯王法,大是得罪神明。你们听那邪说久了,迷的深了,如今说是犯王法,你们不解。譬如你们姓张,你们的儿子却说他不是你儿子,"我姓李",你们容他不容他?朝廷以道化天下,我们就是他道中人,你们而今另立门头,说"我别是一教",这便是反了教了,便和你儿子不从你姓从人姓一般,朝廷怎么容的?今日发文,明日发禁,你们不曾见么?京中剐了甚么"无生老母",杀了许多倡邪道人,你们不曾听的么?你们那头行哄你们说:"上头不是拿持斋念佛的,是恐怕聚众谋反。"不晓的聚众谋反是别有律条,不与持斋相干。持斋念佛,叫做左道惑众,是大犯法的,便是一个人持斋立教,也该问罪。又说:"他若是拿我,我便吃酒肉。"不知上面不是为你不吃酒肉,是为你另立教门。你如今可醒那犯王法的去处了么?其得罪神明在何处?我说与你深微道理,你们也不解,且就明白的与你说:你们家下供佛的,供仙的,三世再无不得奇祸的,再无不得断宗绝嗣的,再无不得恶疾的。这是怎说?他是忍心舍世的很鬼,他是无子无孙的绝魂,你们把那很鬼绝魂招到宅上,焉得不作祸? 焉得有子孙? 且如今人请几个和尚道士来住在宅内,是好不好? 且佛亦非以不好事故意加你,辟如一人吃著山药甜,遇心爱的人,亦必教他吃山药;又如溺者喜人溺,缢者喜人缢。佛以覆宗绝嗣为好,你们敬他,以气相召,也叫你覆宗绝嗣,是必然的了。我们宅上自有当祭的五祀正神:门、户、中霤、井、灶。古人祭五祀,或令庶人只祭二祀、一祀,至于士庶人各祭其祖先,又是古今通法。今你们不祭五祀,不祭祖父,专祀邪神,辟如你们儿子有酒食,只将去与张三、李四吃,反不孝父兄,你心下恼他不恼他,责惩他不责惩他? 神明自是不容,加祸来,祖先自是不救,此所以得罪神明先灵也。你们如今可醒的了么? 你们当初原是要修好,只差走了路,拿著不好当好修。朝廷官府也还怜悯你们,也还宽待你们,从容晓谕,教你改图。更有一等可恶的,听见传下禁旨,官府告示,反说是"刮风里落病枣",也把怕王法归正道的好人,反说是病枣不耐风,你们执迷不醒不遵王法的倒是好枣,把王法比做狂风。而朝廷官府听的此话,真个拿起来,杀起来,怎么了得? 有识者替你寒心,急醒,急醒!

　　上一段是大概劝谕天下走邪门的。我直隶隆庆、万历前风俗醇美,信邪者少。自万历末年添出个"皇天道",如今大行,京师府县以至穷乡山僻都有。其法,尊螺蚌为祖,每日望太阳参拜,似仙家吐纳采炼之术,却又说受胎为"目连僧",口中念佛,是殆仙佛参杂之教也。其中殊无好奇尚怪,聪明隐僻,大可乱世的人,不过几个庄家汉,信一二胡诌乱讲之人,当就好事做,不知犯王法,乱人道,得罪神明,亦不可不唤醒他。

如你们不吃酒肉,古圣人经上说"为此春酒,以介眉寿",又云"七十非肉不饱",是圣人制下养老的物,若是不好,圣人便不教人吃了。若有一等性甘淡薄的人不爱吃也不妨,但不当胡说胡道。甚么是胡说胡道? 即如你们唤日光叫"爷爷",月亮叫"奶奶";那是天上尊神,我们是百姓最小最卑,那可加以名号? 你看,北京才有日坛月坛,天子才祭的他,便是都堂道府也不敢祭,况我们愚民,每日三次参拜他做甚么? 我尝教一"皇门道"人说:"你去一日三次参拜你县官,看何如?"他说:"怕竹板打。"参拜县官便怕板打,若去轻渎朝廷,头也斫了。你终日轻渎那天神,还是降灾不降灾? 所以你们多大灾,多灭门,这个是犯王法,得罪神明的一端。又如你们把"日"改做"晌",把"月"改做"节"之类,也只说是尊日月,不敢冲犯之意。不知我圣人书上说:"非天子不议礼,不考文。"那官府行文都叫"日月",没有改就"晌节"的礼,没有改就"晌节"的文。你们私议私改,是又一天子了,看是小事,却犯大法。又如你们把天上参宿叫就"寒母",又叫"三星";不知《天官书》上是"七星",上面还有两大星叫"参肩",下面还有两大星叫"参足"。你为甚么把天神去了他手足? 你们把天上房、心二宿合成一座,叫就"暖母";不知竖四星是"房",横弯三星是"心",你们混杂二宿为一。《律》上说:"妄谈天象者斩!"这信口胡说,却犯了大法,你们那里知道? 又如你们男女混杂,叫人家妇人是"二道",只管穿房入室,坐在炕头上。不知我圣人的礼,男无故不入中门,女无故不出中门,叔嫂尚且不通问,父兄于女子既嫁而归,尚且以客礼待之,至亲骨肉亦必避嫌，那有妇女往异姓无干的人家去上会的礼？那有异性无干的男子入人内室的礼？这大是坏人道，乱风俗，你们怎么不顾体面？我不忍细说，你们思量思量！古人云："天地之性人为贵。"我们在万物中做个人，是至尊贵的，怎么反以虫类为祖师？便成个仙佛，也是人妖，也可羞。况你们见成了多少仙，多少佛？尽是无影妄谈，你们从今莫信他了，回头做朝廷好百姓，省做会的财物，孝父母，敬兄长，养子弟，省上会的工夫，作活计，过日子。只守王法，存天理，便是真正的善，便受真正的福，免得官府今日拿，明日禁，免得乡人这个把持，那个讦告。

直隶区处，"皇门道"外，"九门"最多，其犯王法，得罪神明，是一理，何用多言！但你们愚民，若不就名色一一说破那不是处，你们不醒，必有说那门是邪，这门不是邪的，便不肯改邪归正。"九门道"是敛钱给神挂袍上供的。你们思量，府县官长叫人敛钱做衣穿否，做饭吃否？苟非异样赃官，断无此理，况于神乎！神要衣食做甚么？辟如百姓有人敛钱与官做衣食，必是奸民，官府知道，必是打死。神亦如此，定加你罪。你看你那师傅们，都被恶灾，都绝后了，你还不怕么？又如你们申文上表上帝，你看，知府巡道那样大官还上不得本，必自巡抚转本。当初蠡县道徐某，拿了杀官破城的大寇，以为有大功，差人上本，差官当拿赴刑都，将徐问罪，你们闻知否？道官尚且上本有罪，况你百姓上表于上帝，岂不大得罪么？又如你们摆几碗豆腐凉粉，请甚么"玉皇上帝""东岳天齐""城隍""土地"，我们听的大为寒心。你们摆下那等东西，敢请县官否？县官且请不得，请许多尊神来做甚么？亵渎神明，罪必不赦,思量思量!又如你们供养仙佛在宅上,朝夕朔望焚香叩头求福,你们思量,人家请几个和尚道士常住宅内如何?定是不好。佛、菩萨、仙师,都是断子绝孙,不忠不孝之鬼,凡招这邪气在宅,自是不祥。看巫蛊镇魇之术,但埋藏些骨董物件在宅上,便能酿祸,看那邪祟中恶之疾,但占些眚魅之气在人身,便能为灾,况常常供此恶鬼,岂不发凶?所以你们供邪神三世者,断无不绝。你们想想是如此否?

他若"十门",专以跪香打七为修善。你看,世间有钱的,叫人跪他几炷香,便将钱与他,有这理否?便有之,是好人否?那有神明叫人跪他便给福的?可谓愚矣!世间岂有几日不吃饭便得了道的,又岂有几日不吃饭便可得福之理?这都是邪人弄个奇怪,惊哄你们,总不如信奉家宅正神,孝敬自己的祖父,方是正道。又若"无为""大乘""龙华"等,名目不一。即如古之黄巾、白莲,随时改变名色以欺愚俗,小之哄骗钱财,欺诱妇女,大之贻患于国家,酿祸于生民。前朝白莲之害,近日新河之事,你们不曾闻乎?何不知惧也?你们陷于邪说者深,初闻吾言,未必不怒。请细细思量,方知我爱你们苦心也。看来也与你们无干,你们本心是修善,我们儒者不自明其道,无人讲与你们听,不知如何是善,却差走邪路上去,我们殊深可愧也!

闻河南一省白莲教中人,因自明朝山东某反,朝廷大禁,又改名"清茶会",又叫"归一教",愚民从之者甚众。其法,画燃灯佛,供室中幽暗处,设清茶为供献,闭口卷舌,念佛无声,拈箸说法,指耳目口鼻皆是心性。你们不知道朝廷法,任你改换多少名色，就如"黄门""九门"，一般都是犯禁的，只做好百姓，孝弟忠信，是善人。你们供燃灯佛，比人家念的阿弥陀佛、释迦佛改了个名色，也不过是西域番人，当不得我天朝圣人，当不得我天朝皇上。我们现为天朝人，放著我天朝圣人的道不遵，我天朝皇上的法不遵，却奉西番燃灯佛，这就不是了。我们愚民，只可做庄稼，做买卖，孝父母，敬尊长，守王法，存良心，便是本等，胡讲甚么心性？我们书上说"率性之谓道"，这子臣弟友便是率性来的，你孝父母便是为子的心性，你敬尊长便是为弟的心性。你们锄田的人，胡讲甚么心性？胡说甚么"归一"？大凡邪教人都好说"三教归一"，或说"万法归一"。莫道别的归不得一，只我儒道祭自己的祖父，自家宅神，你们好祭西番死和尚，这归一不归一？要说一是性，你们把率性的子臣理都不知，却尊他不忠不孝的佛，还归甚么一？要说一是空，越发不是了。只看我唤参禅悟道僧道的便醒的了，不必重叙。只你们要各人散去，务农，做生意，莫聚会胡说，便是好人。若有高年识字人爱随个会，就遵朝廷法令讲圣谕，大家相劝，年少做子弟的如何孝，如何做，年老做父兄的如何教子孙，成个孝慈风俗，和睦乡里，各安生理，勿作非为，朝廷官府知道也欢喜。第一件，要知焚香聚众，妨你庄农、买卖，正是不安生理，正是作非为了。

　　历代帝王优礼儒生，做秀才时，便作养礼貌，一切差徭杂役，不以相烦。下自未入流，上至三公，皆用儒生做，而儒生不能身蹈道义，以式风俗，可愧一也。不为朝廷明道法，化愚民，可愧二也。不尽力辟辩佛仙二蠹，以救生民于荆棘，可愧三也。今日儒运,恐遭焚坑、清流之祸不远矣!仆用是忧惧,辄为俚说,愿凡为孔子徒者,广为钞传,于以救生民,报国恩,回天意,庶仆惧心少下也。祝由!

四却子曰:提明他法门,从好说到不好处,又从不好说到好处,无非欲唤之醒也。费尽胞与心,其如愚人何?①

_____

① "四却子曰"一段,底本无,此据康熙年间刻本补。

卷 三

明太祖高皇帝释迦佛赞解

佛之害，至今日尚忍言哉！胥天下之周行而埂塞之，胥天下之人物而斩绝之。家家土偶，而不思野鬼入宅，足以招致不祥；户户诵经，而不知覆宗绝嗣之邪教，阴毒浸染，足以害人祸世。甚哉民乎，愚之可怜也！人徒见高皇帝龙潜皇觉，僧道入品，遂谓佛至明朝，实崇信之，不知高皇识见力量为三代后第一君，真龙川所谓"开眼运用，光如黑漆"者，其一时之误，特倏尔云翳耳。今观是赞，放邪卫正，乃益服其识之高，言之切，于世道人心大有功也。而或者谓佛家有谲赞体，太祖以之。予以为不然，谲伯夷者必谲以陈仲子，断不谲以海跖；谲柳下者必谲以胡广，断不谲以黄巢。况此《赞》之尾，刀斧森严，直使佛逃奸无所。世有铁案杀人，以为谲者乎？即使姑从人言，谓太祖而果谲，此谲也亦率性之谲矣。不佞痛世之愚，妄为注释，用公天下，至于辞则效训谕俗说，庶使荒村父老子妇皆可听睹，而不敢从事于笔墨之文也。

这个老贼，贪心不辍。

自有这个天地便有这个人，自有这个人便有这个君臣、父子、夫妇、兄弟、朋友的人伦，佛氏独灭绝之；自有这个天地人，便有这个生生不穷的道理，佛氏独斩断之；真是个杀人的贼了。高皇命名以此，王言何确也！至"老"之一字，更中其情。贼不老，犹或有悔心，犹或不巧于盗，犹或易扑捉；惟是他老熟于盗，生不回心，死不悔祸，善为淫词诡（编者注：诡原作跪）术以欺天下，后世任是聪明伶俐的人都被他瞒过。吾儒之道，有天地还他个平成，有父子还他个慈孝，有民物还他个仁爱，因物付物，不作自私自利心。释氏全空了不管，只要自己成个幻觉的性便了，真是贪利行私的；又全无悔意，竭力在那幻妄理上去做，尽力在那幻妄途上去走，则此贪心何时是辍？彼自家却假说些甚么清净慈悲，非圣祖箕大眼，谁能指出他这个"贪"字？

将大地众生，偷出三界火宅。

释氏甘空寂，自谓"清凉世界"，故指两间为"火宅"。不知乾坤中二气五行全赖此火。天地非太阳真火则黑暗，人非命门真火则灭绝，忠臣孝子一副热肠，愚夫愚妇一段热情，酿成世界，这大地众生离了火宅，便过不得日子。且释氏亦自火宅中生出，即结成舍利子，亦是火宅中豆大火光。彼自己且偷出不去，又乌得偷出众生哉？曰"偷出"者，圣祖原老贼一种偷出贪心而定罪耳。

火便是世间生生不穷的种子，火宅便是世间君臣、父子、夫妇、兄弟、朋友行走的去处，佛氏尽欲偷出，正名定罪，真是老贼了!

掩迹则假灭双林,逃形在微尘刹界。

此是据佛事实而形容老贼之情状也。谓在双林之地,托名假死以掩其迹,又逃其形在微尘刹界,使人莫得擒捉也。然佛虽善逃善掩,天地如烘炉,日月如明镜;彼在中间,终是不能逃得一步,止落了一个贼害天下之物。

五十年谈许多非言,三教中头一个说客。

佛说法不足五十年,言五十,举成数也。其间如弃绝父母之言为非孝,背叛圣人之言为非法,如天上地下惟我为尊之言为非天地,如耳、目、口、鼻、身、意六贼之言为非人,总之皆非言也。"三教"者,世俗以儒宗孔子,道宗老子,桑门宗释迦为三教。我夫子祖述尧、舜,宪章文、武,躬行六德、六行、六艺,非徒以口说者,而且为天地肖子,为众生父母,至亲也,不可言"客"。即老子玄牝守雌,微异吾儒,然孔子称其犹龙;老子习于礼,自言以道治世,其鬼不灵,则亦非徒逞口说者。况当时为周柱下史,亦中国人臣也;生于苦县,亦中国人子也;凡天下李姓皆祖之,亦中国人父也;不可谓之"客"。飞霞紫气之说,乃后世道家者流妄托耳。惟释迦空天地,空万物,亦空其身,全无一些行实,专事口说。生于伽毗罗国,行于天竺国,与中国全无干涉,真是个客。且空天地,则天地字蚀之客气;空万物,则万物游魂之客忤;自空其身,则此身追命之客鬼。"说客"二字,确乎不可易矣。然说客又坐之以"头一个"者,何也? 如儒之庄、列、仪、秦,道之五利、灵素,释之佛图澄、鸠摩罗什,或以口说,或以笔说,皆说客也,而不若释迦为最。

普天下画影图形,至今捉你不得。

贼与帝王势不两立,有贼则帝王之教化不行,宇宙之民物不安,宜急急捉者,故遍天下画为影像,图为形色。球毛跣足,明是老贼之状;破额裸身,明是老贼之体;闭目趺坐,明是老贼好为佚逸之态;亦易知易见,可一索而速擒者,乃至今捉之不得,则中国之祸何时已乎?

人民何辜,遭此土偶作祟!太祖独曰,吾将画影图形以捉之也。是大聪明,大手段;故末二句果然捉住。

呵呵呵!没得说,眉毛不离眼上横,两耳依然左右侧!

此一段,便是高皇捉住佛处。呵呵呵,大笑声也。佛全凭口说,而今笑你将何说乎?你眉毛依然在眼上横著,你何不空此眉?两耳依然在左右长著,你何不空此耳?盖五官、百骸是开辟来有的,五伦、百行是尽人外不了的。佛空父子,必是空桑顽石生的然后可;然纵生自空桑顽石,而空者犹是桑,顽者犹是石,岂是空的?空君臣,则普天之下莫非王土,天地是天子的父母,四夷是天子的手足。佛若说空,则上不得天,入不的地,遁不得山林,逃不得外国,佛将安之?空兄弟、朋友,而又广度生徒,是去绊而戴枷了,岂止不能空乎!空夫妇以绝生生之道,而自己却欲结舍利子以长存,谁还说是空的?太祖指其易见处,就眉与耳言之,而老贼情状毕露,伎俩尽穷,束手就擒矣。唐高祖沙汰一敕以后,录捉贼之功,太祖其首乎!

卷 四

束鹿张鼎彝毁念佛堂议

元藏拙草茅，素不惯交显达。一时君子，盖多其人，苦愚
陋无由知。以寻父游辽左，贬节叩号，无门不入。奉天少京兆
束鹿张先生为吾友尚夫兄，且怜苦子，为颁布报帖所属，是以得
侍坐侧，闻此议也。谨录为唤迷助。

甲子，张子奉简命督学奉天，既抵沈，适《通志》成，大京
兆以其稿属为雠校。见其志祠祀，锦北关有曰"念佛堂"者，
喟然曰：风俗之不淑，民无礼也；人心之不正，上无教也。子
舆氏曰："不以尧之所以治民治民，贼其民者也！"尧之所以治
民者何也？劳之，来之，匡之，直之，辅之，翼之，使蚩蚩者氓，
日用饮食，晓然于三纲、五常而不敢于邪慝斯已矣。锦州为我
朝龙兴地，太祖、太宗暨世祖皆尝以尧、舜之治治之者也。今
上命吾侪来尹兹土，固将曰，尔受兹嘉师，庶劳之，来之，匡之，
直之，辅之，翼之，以无负我二三城尧、舜之民也。锦民者，竟

群然以念佛为业,而又肆然鸠工庀材而树之堂,而又巍然峙于都会之衢,而又煌然登诸《通志》,以昭示夫天下后世!所谓"劳之,来之,匡之,直之,辅之,翼之"者,固如是耶?

余窃以为惧,爰召太守某君而议曰:"盍毁诸?"辞曰:"锦民之习于是也众,且匪伊朝夕矣,仍之便。"予瞿然曰:"佛法至汉明始入中国,迄今千余年,西方圣人之名遍海滋;凡名山大川,靡不有珠宫贝阙以供香火。然圣君贤相虽未能尽去髡发之侣,断未有等释氏于二帝、三王之道,迪万世以祈雍熙者也。即萧瑀、王钦若之徒,为圣君贤相所不齿,亦不敢播为令甲,以合掌当空闭门诵经之事号召乎寰区也。甚而至于佛图澄之佐石勒,姚广孝之佐成祖,身本缁衣,而得君行政,奏底定之勋,宜以其术易天下矣,卒亦未敢撺一言于制治之书,俾有室有家者,胥率彼天竺教,作六时梵诵也。子太守当尧、舜在御,而乃使锦之民群然以念佛为业,肆然鸠工庀材而树之堂,巍然峙都会之衢,煌然登诸《通志》以昭示天下后世,为萧、王、佛、姚所不为,将何以无负嘉师而对扬天子之休命?至不瞒于非义而诿诸众且久,则甚矣子太守之饰也!

闻之义州乡俗,故重佛、老及诸不经之神。有医间先生者,制祀外神文,祝而悉焚之,一时翕然,无或梗焉者。夫义之民众矣,其俗亦非一日矣。医间不过一谢病乡先生耳,非其有责也,非其有权也,乃毅然行之,而义州人无敢梗焉者,岂有他欤?躬行以导之,积诚以动之,坦白洞达以晓之,虽甚顽愚,固无不可格之民也。子太守保厘东郊,民之表也。诚破其饰而振其诿,何畏乎徒之繁而淫于俗者之深且久哉?若念锦土瘠凉,其材或可惜,则锦向有辽右书院,为明樊介福直指所建,借其地而复之,集郡之俊秀实其中,而课之以白鹿洞之规条,救俗育才,均有赖焉,其谁曰不宜? 惟子太守勉旃!"弗应,默然而退。嗟呼! 义,锦属也。医闾先生之子若孙犹有存者,宁无闻之而齿冷!

辟念佛堂说

京兆方构前议,未成稿; 予适入衙,欢然诏予曰:"辟异端,浑然素志也。念佛堂之设最为不经,盍为我辟之?"予退,草此以进。

昔者圣人之治天下也,惟务生人,其生人也,务厚人之所以生。故父子,人之相生也者,教之孝慈; 兄弟,人之同生者,教之友恭; 夫妇,人之从生者,教之义顺; 君臣朋友,维人之生者,教之令共与信。恐人之未必克尽于是教也,为之立学校以宣行艺,鸣鞀铎以警道路,导之也; 为之法度藏诸王府,律令悬之象魏,示之也; 入教者赏于祖,出教者刑于社,令民知所趋避也。圣人之公卿百执事以及州牧里师,咸奉是以勤其职,圣人亦以是上下其绩,此二帝、三王之治之所以隆,而风俗之所以美,为继天立极之化也。

降及秦、汉,治虽不古,而君臣、父子、夫妇、朋友,凡天下之为生者,未之有改也。自汉明帝乃西迎以死教天下之妖鬼入我天朝,其号曰佛。五蕴皆空,是死其心及诸脏腑也; 以耳目口鼻为贼,是死其身形也;万象皆空,是并死山川草木禽鱼也;推其道易天下,男僧女尼,人道尽息,天地何依? 是并死世界宇宙也。举振古来十百圣人所以生天下之道法尽夷灭之,举千万载生民所以相生、从生、同生、维生者尽斩断之。然人君迎之,亲王奉之,历代风靡,寺庵遂遍天下,仁人君子望清凉台,未尝不痛心疾首也!

然寺庵虽俨然立,僧尼虽公然行,而都鄙不寺不庵之地,间阎不僧不尼之人,犹未有异名别号以倡邪说者。迨红巾、白莲始自元、明季世,焚香惑众,种种异名,旋禁旋出,至今日若"皇天",若"九门""十门"等会,莫可穷诘。家有不梵刹之寺庵,人成不削发之僧尼,宅不奉无父无君之妖鬼者鲜矣,口不诵无父无君之邪号者鲜矣。风俗之坏,于此为极! 犹幸国朝严擅建庵观寺庙、私度僧尼之禁,凌迟无生老母,屠夷新河妖人。煌煌显律,凛凛王章,愚民犹有不辨邪正,不畏生死,相聚会佛者,仁人君子所以听佛声,未尝不痛心疾首,淫淫泪下也。噫!

愚民何知? 妄谓念佛可以致福免祸耳。殊不思福者何? 子孙昌、家业富之谓也;祸者何? 绝子孙,无家业之谓也。彼佛者,有子孙耶? 有家业耶? 佛已无福,念之其可以致福耶? 佛已大祸,念之其可以免祸耶? 况天地鬼神昭昭在上,不可以伪言欺,苟不实践忠孝,笃行仁义,即口称忠臣孝子之名,日诵大仁大义之语,天地鬼神必且靳之福而降之祸;况口称不忠不孝之非鬼,日诵贼仁残义之邪言,天地鬼神其不益怒而加祸耶? 以念佛求福,愚且妄矣! 念佛已愚且妄,况聚为群社,立之室堂,公然建之城市,闻之官长,其干法坏俗、又何等耶? 是又愚之愚、妄之妄者矣!

今《锦州府志》有云"念佛堂"者,世未前闻。官吏非徒不之禁,而且显登之记载,以长邪俗,污典册,奈何不知圣人生天下之教而忍于助死天下之教也! 仁人君子所以阅《锦府祠祀记》,未尝不痛心疾首,淫淫泪下也。噫!

拟谕锦属更念佛堂

> 既呈前说,京兆遂出所议示予。予曰:"经世之文也。"然窃念议之辟之,不若直行文更之;遂草此进。

呜呼锦守! 天生苍赤,爰赋恒性,叙为五典,厘为百善;顺之吉,逆之凶。矧其弃之,鲜不殄灭!

越自东汉,皇天降割于我时夏,使西番妖法入惑我黔首,五典咸堕,百善俱废,忍绝天性,谬托慈悲,苦戾人情,妄称极乐。沙门辈复敢恣为幻灏,创为十王、阴狱诸危酷,恐栗我赤子;谓呼乃佛号,立致种种福,立脱种种难。

呜呼! 惟德动天,非修善克允,福弗幸邀;非改过克允,祸弗苟免;举口而致,斯民畴不易从! 始迷是非,继反荣辱,终至不畏刑戮,生死是以,呼佛成俗,敢营堂城市,罔知禁忌。

呜呼锦守! 小人何知? 惟君子心思;小人何识? 惟君子耳目。素迪不勤,素戒不饬,今复显登之志册,以翼邪俗。呜呼! 予兹惧上干天子降罚,传讥于后世。

呜呼锦守！易乃风俗，是责吾侪。其罢堂中所有，更盼额曰"乡约所"仰承天子制，选老成德望，朔望讲读圣谕，训正斯民，无俾终恶。

呜呼！予闻兹土医巫闾先生贺子钦易诸佛刹为书院，讲朱考亭《白鹿洞规》，淑俗明季，当日士夫齐民胥安从之，罔有异。矧予暨汝，实尸名位，孰与乡先生反掌丕变，信无梗？无俾志册比观，取羞贺贤。勖旃锦守！易一时羞，作千古美，锦守勖旃！